SV

Bernd Cailloux

Der amerikanische Sohn

Roman

Suhrkamp

Der Autor dankt dem Deutschen Literaturfonds Darmstadt
und dem Senat des Landes Berlin.

Erste Auflage 2020

Satz: Greiner & Reichel, Köln
Druck: CPI – Ebner & Spiegel, Ulm
Printed in Germany
ISBN 978-3-518-42912-9

Der amerikanische Sohn

Der Klang seiner Stimme war unverändert – der brüchige Bass, der rheinische Tonfall, ganz er und sofort vertraut, als hätten wir erst gestern telefoniert. Dabei herrschte zwischen uns schon ewig Funkstille. Die letzte Begegnung lag mehr als dreißig Jahre zurück, ein halbes Leben, in dem jeder für sich ein anderer geworden war. Das am Telefon vereinbarte Treffen mit ihm, dem früheren Freund und Partner, beschäftigte mich. Kein einfaches Wiedersehen, so wie die Dinge damals zwischen uns gelaufen waren.

Über lange Jahre hatte es keiner von uns bedauert, den anderen aus den Augen verloren zu haben und die einstige Freundschaft zur bloßen Erinnerung an eine ferne Vergangenheit verkommen zu lassen. Büdinger hatte aus einem Berliner Hotel angerufen, aus den bekannten Gründen, wie er sagte. Dass wir uns gegen jede Erwartung noch einmal begegnen würden, machte mich natürlich neugierig, trotz des Risikos, sich in unguten Erinnerungen zu verheddern. Dabei war ich meistens dankbar, wenn mich jemand aus dem durchritualisierten, mediensedierten Trott herausholte, zumal jemand wie er, der mehr mit mir teilte als andere – eine intensive gemeinsame Lebensepisode.

Mit der wieder aufgefrischten Geschichte im Kopf, etwas nervös, ging ich die kommende Begegnung Schritt für Schritt durch, als wär's ein Theaterstück, wo Proben halfen … eine krankhafte Angewohnheit, permanent gedanklich vorgreifen zu wollen, zu imaginieren, was nicht zu imaginieren ist … das Vertrauliche oder Befremdliche der ersten Momente, die hin- und hergehenden Blicke und Gesten, die auf der Zunge liegenden Dinge … etwa die Frage, ob er immer noch annahm, er sei der Kopf gewesen und ich bloß der Arm, immer noch glaubte, wir hätten am Ende um irgendeinen Gewinn gewürfelt … aber, okay, keine Ahnung. Unsere Konflikte waren längst Geschichte und sollten am besten nicht mehr angesprochen werden.

Das Wiedersehen ging auch nicht von uns aus. Zwei Redakteure einer Sonntagszeitung hatten sich an unsere Story heranrecherchiert und ein brauchbares Randereignis gefunden, das sich zu einer geilen Achtundsechziger-Geschichte aufblasen ließ. Ohne die Einladung dieses popkulturell gelegentlich bemühten, ansonsten strunzbürgerlichen Blattes wären wir uns in diesem Leben nicht mehr begegnet.

Bis heute könnte ich nicht sagen, was genau Andreas Büdinger und mich als achtzehn-, neunzehnjährige Spunde seinerzeit zusammengebracht hatte … War's ganz simpel dieses aristotelische Motiv für Freundschaft als des Sich-gegenseitig-Gebrauchens? War's die Sehnsucht nach einer großen, gemeinsam zu vollbringenden Tat? Der Rausch der berühmt-berüchtigten Studentenrebellion? Oder nutzten wir bloß eine zufällige Business-Chance? Unsere Fähigkeiten ergänzten sich, die Charaktere harmonierten damals – zwei große Kinder, die eine Weile mit Licht spielten, bis sie es leid wurden.

Zuletzt begegnet waren wir uns bei einer Verhandlung vor dem Arbeitsgericht in Hamburg-Altona. Einer aus der vielköpfigen Schar der Mitarbeiter, wie er sie stets nannte, hatte ihn, der mittlerweile längst Alleininhaber war, verklagt, und ich, sein früherer Partner, sollte als Zeuge zu den internen Zahlungsmodalitäten aussagen. Angesichts des damaligen Firmengebarens kam das hartnäckige Nachkarten des Klägers den meisten Beteiligten lächerlich vor – schließlich war es in dieser Firma von Anfang bis Ende eher informell zugegangen. Lohn, Gagen, Honorare wurden nach situativer Einschätzung von Leistung, Person und Kassenlage bar in die helfende Hand und nicht nach irgendwelchen Tarifen bezahlt, im Underground gab's keine Gewerkschaften. Auf Verträge oder schriftliche Regelungen wurde szeneüblich gepfiffen, was anfangs als rebellische Tugend galt … Wir machen alles anders, sagten wir, wir sind Freunde, Teilemann und Söhne. Dieser freundschaftliche modus vivendi band ein paar Jungs mit ein paar anderen Jungs auf zunehmend ungerechte Weise aneinander. Die einen produzierten, die anderen kassierten, das ging nach einer Weile nicht mehr gut. Drei Leute hatten ihre Erträge noch einfach teilen können, dreißig schon nicht mehr. In Wahrheit war's nichts anderes als ein nur leicht verschleiertes Ausbeutungsmodell. Auch die Gegenkultur brach nicht mit den Verhältnissen, sondern spiegelte sie bloß auf zerbrochenen Splittern. Der Kläger, ehemals Fahrer und beliebtes Mädchen für alles, legte ein paar zerknitterte Quittungen auf den Richtertisch, die Gegenseite konterte mit anderen, besser erhaltenen. Dem Richter schienen kleinunternehmerische Mauscheleien nicht völlig fremd zu sein. Meine Zeugenaussage stützte den Kläger und hätte ihm günstigstenfalls zu zweitausend Mark Nachschlag verholfen, doch Büdingers Anwalt legte Widerspruch ein – die peinliche Angelegenheit sollte auf dem Instanzenweg gemächlich versanden.

Nach Prozessende standen wir noch für ein paar klamme Momente beieinander, wobei ich beinahe entschuldigend zu Büdinger gesagt hatte: Tja, tut mir leid, mein Lieber, aber bei der Bezahlung ist es nun wirklich nicht immer fair gelaufen. Ausgerechnet du musst hier den Moralisten raushängen lassen, erwiderte er, das steht dir doch gar nicht ... Geld essen Freundschaft auf, eine nicht eben neue Erkenntnis, auch für Büdinger und mich mochte sie gelten. An diesem Tag wurde nicht mehr viel geredet, die Beteiligten zerstreuten sich in alle Winde.

Verdammt lang' her, das alles – die Firma hätte demnächst ihr fünfzigjähriges Bestehen feiern können, ein goldenes Jubiläum mit Fotos und Präsentkörben für einen ehemals schrägen Haufen. Ende der Sechziger hatten Büdinger und ich sie als »The Leisure Society« in einer Düsseldorfer Gartenlaube offiziell gegründet, die Unterzeile des Briefkopfs verhieß vollmundig »Ideas and Experiments in Art and Technology« ... eine jugendlich hochgestochene, doch nicht völlig leere Behauptung.

Über unseren Aufstieg und Fall hatte ich vor ein paar Jahren ein Buch geschrieben und insgeheim auf eine Reaktion von Büdinger gewartet. Ein knappes Jahr nach Erscheinen kam tatsächlich ein Brief von ihm, E-Mails folgten bald ... Seltsam, jetzt das erste Mal nach Jahrzehnten seine Stimme wieder zu hören, den alles entschärfenden rheinischen Tonfall, in dem er erzählte, wie er im Urlaub in Tunesien am Strandkiosk eine angegilbte Ausgabe der ZEIT gekauft und darin eine Rezension erst überflogen und dann mit zunehmender Verwunderung studiert hätte, weil ihm das alles immer bekannter vorgekommen sei. Solange wir beide da sind, wandte ich ein, ist nichts vergangen … und lässt sich aufarbeiten, frei nach Kierkegaard: vorwärts leben und rückwärts begreifen … die Knackpunkte suchen, die frühen, unkorrigierbaren Schlüsselszenen finden … es war einmal. Es waren einmal zwei Freunde, die lange harmonierten und doch zwischen Kameraderie und Rivalität schwankten, bis eines unschönen Abends der eine bei dem anderen für die große Ernüchterung sorgte – der Ernüchterte verließ das Büro, die Firma und die Stadt noch in derselben Nacht, der andere blieb. Der Laden und dessen phantastische Zukunft gehörte von da an ihm allein.

Und dann saßen wir nach all den Jahren wieder beisammen – in einem gläsernen Pavillon, dem Café der Kunsthöfe, und unterhielten uns mit ungealterter Sympathie, so als wäre die raue Geschichte, die uns verband und trennte, nie geschehen oder läge erst noch vor uns. Inmitten der aufgekratzten Touristen und Kunstfreunde fielen wir nicht weiter auf, niemand sah uns an, dass die Leitung uns hierher eingeladen hatte, um den morgigen Termin zu bequatschen. Was man uns ansehen konnte, war nur die erreichte Altersklasse … Mensch, auch du jetzt siebzig, sagte Büdinger – Ja, shit, hatte ich erwidert, siebzig, jetzt wird's ernst.

Wer hätte das gedacht … wir beide wieder mal zusammen … und noch nicht verweht.

Gesichter von früher wichtigen, nun gealterten Gefährten bleiben zeitlos im Gedächtnis, verändern sich nicht, die ohneeinander verbrachten Jahre spielen keine Rolle. Bei der unerwarteten Wiederbegegnung mit einem im Lauf des Lebens verlorengegangenen Freund bewahrt der Einstiges und Jetziges zusammensehende Blick auf ihn noch Restwärme aus den guten Phasen der Gemeinsamkeit … ein trügerischer, wie durch ein Photoshopping geschönter Blick …

Doch vom ersten Moment an schienen wir zugewandt wie eh und je, ohne Anlaufprobleme, ohne Verlegenheiten oder sonst wie zu fremdeln. Als hätte beim Film jemand ›Cut‹ gesagt, um den Akteuren die nächste, zig Jahre später spielende Szene anzukündigen – zwei alte Freunde mit problematischer Vorgeschichte treffen sich in einem von Kulturtouristen überlaufenen, vitrinenartigen Glaskasten bei Kaffee und Kuchen wieder. Andreas Büdinger schien günstiger gealtert als ich, kaum verfaltet, kein grauer Schopf, ein old boy, und mit dem großen Kopf auf den sehr schmalen Schultern so seltsam unkörperlich wie früher. Eine bewanderte Frau hatte mir mal erzählt, dass ein zu kleiner Kopf, ein Kindskopf quasi, bei Männern unerotisch wirke und bereits beim ersten und entscheidenden weiblichen Drei-Sekunden-Check gnadenlos rolle …

Bei der Begrüßung waren wir uns nicht in die Arme gefallen – aber das hatten wir nie getan, der neuere, theatralische Männerbrauch der überherzlich ausgedehnten Umarmungen von Kerlen und Hipstern passte nicht zu uns, nicht zu unserer Altersgruppe. Büdingers Ausstrahlung auf mich war gleich geblieben, zumal er damals wie heute eins der von ihm geliebten Fischgrätensakkos trug, als wär's ein Charakterzug. Trotz intensiver Beäugung kommentierte er meine zerfurchte Visage vorerst nicht – die hatte er früher permanent kritisiert, jaja, man sieht's, die Nächte, die Drogen, heute waren die Ursachen dafür andere.

Wie telefonisch angekündigt, war Andreas in Begleitung einer Frau nach Berlin gekommen, Brigitte aus Essen, okay, Essen, bei der Nennung dieses Stadtnamens tauchte vor meinem geistigen Auge stets das Bild einer abschüssigen Straßenunterführung mit draufgesetztem schmutzig weißem Hochhaus auf. Doch schon im nächsten Moment brachte die Erwähnung eine für ihn und mich erfreuliche Erinnerung zurück: Essen, klar Mensch, wo alles anfing, ohne diese Stadt, ohne ihre Gruga-Halle, ohne die dort im September 68 zum ersten Mal auf deutschem Hallenboden abrauschende Partynacht wäre der Aufstieg der Leisure Society gar nicht möglich gewesen … das Konzert mit Frank Zappa, zehntausend bei unserer großen Lightshow-Premiere … Und in diesem Essen verschlief Büdinger neuerdings offenbar seine Nächte. Bei Brigitte.

So sieht er also aus, sagte sie bei der Vorstellung, schon einiges gehört. Brigitte schien über die damaligen Verhältnisse einigermaßen Bescheid zu wissen. Eine Mittfünfzigerin, blond, ein bisschen mollig, Grundschullehrerin, die den wie eh und je am Tisch gerade aufragenden Sitzriesen Büdinger mit aufmerksamen Blicken streichelte, diesen grundwarmen, östrogenhaltigen Blicken, die Männer lieben … dem von mir ein Jahrzehnt lang als sexuell diffus erlebten Freund dürfte diese Lady durchaus Auftrieb geben, falls er ihn brauchte.

– Da habt ihr nochmal Glück gehabt, ihr zwei, sagte ich, beneidenswert … Mir geht's heute so wie damals in Düsseldorf als ahnungsloser Twen, no woman, no cry, das alte Lied, nochmal gespielt als Lied des Alten.

– Aber aber, unterbrach mich Brigitte, du bist doch attraktiv, versteh ich nicht, du könntest doch eine Frau –

– Ja, danke, eine Frau, um sie ins Heim zu führen, sie hoffnungsvoll an meinem Küchentisch vorbeizuschieben, während sie lächelnd über die dort bereitstehende Auswahl an Medikamentenschachteln, halbvollen Arzneifläschchen und angebrochen zerdrückten, silbrigen Blistern hinwegsieht … schon klar, du meinst, ich könnte, würde, sollte ganz entspannt am Ostseestrand spazieren geh'n, mit meiner weißhaarigen Frau und unserem alten, vom Tosen des Meeres für Momente verjüngt herumtobenden Hund … Aber es ist nicht so, die große Liebe kam mehrere Male über die Jahre, ging aber auch immer wieder, ein Generationsproblem vielleicht, unser Freund Andreas lebt ja auch nicht mehr mit Hiltrud zusammen … sie hat ihn wahrscheinlich damals wegen seiner bunten Hosenträger verlassen, die mit den aufgedruckten Konterfeis der Pilzköpfe, aus London mitgebracht …

– Sie lebt in Aalen, Schwäbische Alb, sagte Büdinger, die Frau von den Kunsthöfen hat gestern mit ihr telefoniert, angeblich wird sie heute noch hier aufkreuzen.

Die beiden bearbeiteten ihren Kuchen, während ich vergeblich versuchte, mir Hiltruds heutiges Aussehen vorzustellen. Mit zwanzig, als Freundin meines Freundes, hatte sie auf mich in vielen Momenten unfroh zurückgenommen gewirkt, ein merkwürdiges Bedauern, ein Teint der Bedrückung schien auf ihrem Gesicht zu liegen. Wahrscheinlich litt sie darunter, ihren kleinen Sohn ohne Vater allein aufziehen zu müssen, ein uneheliches Kind … seinerzeit ein ungeheurer Makel für junge Mütter. Und dennoch ließ sie sich auf diesen superriskanten Film ein, jobbte im Creamcheese, einem von Künstlern permanent neu gestalteten Lokal voller Artish People, die der Stadt nach einem Satz unseres Stammgasts Sigmar Polke »auf Befehl höherer Wesen« einen noch unbegriffenen Aufbruch der Kunst bescherten, kommende Größen werkelten hier als junge Männer. Andreas gehörte zu den Begeisterten, bereits als Schüler hatte er einen angesagten Filmclub geleitet.

Jeder liebte das Kino, vor allem die Spätvorstellungen ... auch für uns von Beginn an eine Gemeinsamkeit, in dieser Journalistenschule, wo wir uns kennenlernten und wo im Seminar für Filmkritik das einzige Mal einer meiner Texte als beispielhaft verlesen wurde ... »Chefinspektor Gideon« hieß der unvergessene Übungsfilm, schwarzweiß 1958, von John Ford. Und auch bei unserem jetzigen Wiedersehen spielte ein Film eine Rolle. Ein gewisser Lutz hatte ihn gemacht, und nun lief er in der Dachgalerie der Kunsthöfe im Rahmen einer Ausstellung, mit mehr als vierzigjähriger Verspätung.

– Auf den war ich damals schwer sauer, ihr zwei habt ja jeden Tag stundenlang telefoniert, während ich stummdumm danebensaß.

– Der gute Lutz, sagte Büdinger, der hatte viel Zeit, war bei der Stadtverwaltung angestellt ... aber das Quatschen war wichtig, ermutigend auch für unsere Sache –

– Ein Ätzer vor dem Herrn, soweit ich mich erinnere, die frechste Schnauze in der Altstadt, man konnte neidisch werden, so einen Typen müsste man jetzt lange suchen, in heutigen Stadtverwaltungen undenkbar –

– Der war völlig rücksichtslos und frei, weil er nicht zum Filmklüngel gehören wollte ... Wir haben damals lange über seine Ideen geredet ... so lange, bis etwas konkret wurde ... Für seinen ersten Film warf er die laufende Kamera zigmal wie einen Ball drei, vier Meter hoch in die Luft und fing sie wieder auf, keine wie üblich gestellten, sondern verwackelt fallende Absturzbilder, eine Entmystifizierung der Kinotricks, die Befreiung des Mediums.

– Wir haben ja damals unglaublich lustige Sachen gesehen, alles auf Anfang, der Herzog mit seinen Zwergen, Charlotte

Moormann nackt beim Cellospielen, live und auf Nam June Paiks Video –

– Nicht wirklich nackt, unterbrach mich Büdinger, sie war mit einer durchsichtigen Plastikfolie bekleidet, ein entscheidendes Detail … aber es gab auch viele bekloppte Filmchen …

– Jedenfalls alles Baujahr 67/68, die Hamburger mit ihren Flackerfilmen, wo sind die hin, diese subversiven Ästhetiken … Gibt's überhaupt noch professionelle Experimentalfilmemacher … Die Kritiker der Sehgewohnheiten sind heutzutage kaltgestellt, wir haben da ja auch mitgeholfen, den Leuten per Stroboskop das Flackern ins Auge geliefert … eigentlich schöne Ideen, so übermütige Sachen wie die von diesem Costard, der nahm als Darsteller einen ausgefahrenen Penis in Großaufnahme und ließ ihn das restriktive Filmförderungsgesetz der Bundesregierung in voller Länge vorlesen, erster Preis beim großen Kurzfilmfestival in Oberhausen, die Stimme kam aus dem Löchlein vorn, seine Stimme und sein Löchlein … oder ein anderer, hochmoralischer Film, von einem Münchner, der ging ungefähr so: Achtung! Sie sehen jetzt einen Koitus … Bitte schließen Sie die Augen … Da Sie's nicht tun, gibt's auch keinen Koitus – und dann eben auch euer Film, Hiltruds Film, den wir jetzt nochmal diskutieren sollen …

An den Nebentischen leuchteten alle nasenlang die Displays auf, begleitet vom Bohei inadäquat gehobener Stimmung, diese Selfie-Schießereien, inszenierte Gefühlsausbrüche, denen bei der Begutachtung weitere folgen … Mit diesen Feierwerkzeugen ließen sich offenbar idiotensicher Emotionen erzeugen und festhalten für schlechtere Zeiten, gespeicherte Beweise für die heute Nachmittag durchlebte Gemeinschaft, alle Macht der Smartphone-Keule, die hier niemand wirbelnd in den Himmel warf.

Zum ersten Mal in der Hauptstadt, wollte Brigitte von mir wissen, wie es sich denn in Berlin so lebe …

– Oje, du fragst zur falschen Zeit, Berlin wird mit sich selbst nicht fertig … keine Ahnung, es hängt davon ab, wo, in welcher Ecke du wohnst, abgesehen davon natürlich, wer du bist … Ich bin aus meiner Ecke nicht rausgekommen, in über dreißig Jahren einmal umgezogen, hundertfünfzig Meter Luftlinie, von einem Altbau in den anderen und dort neuerdings selbst alt geworden … Mittlerweile ist die Ecke selbst aus sich herausgewandert, früher proletarisch-studentisch mit einem Touch Bohème, ehe immer mehr neue Bewohner zuzogen, groß und klein aus fernen und bohèmefernen Ländern … Die Geschäfte wurden umdekoriert, das ganze Jahr orientalische Wochen vor der Tür, das Viertel komplett verändert, hier muss keiner mehr wegziehen, die Stadt selbst zieht um und wird eine andere, wieder mal …

– Manche hängen ja an ihrer alten Ecke, nicht wahr, Andreas …

Brigitte tätschelte Andreas' Hand, der ihre Worte kommentarlos weglächelte.

– Fellini hat zum Thema Wohnen und Altwerden mal gesagt, das sei für ihn kein Problem, Rom hätte sich während seiner Zeit nicht verändert, inmitten der alten, immer gleichbleibenden Bauten der Ewigen Stadt hätte er gar nicht bemerkt, dass er älter geworden sei … In Berlin ist aber nix gleich geblieben, hier läuft das Spekulationskapital schneller durch, als man kucken kann, allein in meinem Kiez wird jede Woche ein neues Überraschungshaus fertig, ein Renditeklotz mit Bio-Markt … und die Baulöwen zimmern Holztunnel und Bretterstege auf meine täglichen Laufwege, jeder Schritt ein krachendes Gepolter … und das mir, der eigene Geräusche vermeidet, so gut es geht …

– Ach, die Berliner, unterbrach mich Andreas, die wollen in einer Metropole leben, aber bitt'schön ohne deren Nachteile.

– Als ich hierhergegangen bin, war's die Capitale der Subkultur, *West*berlin, die Insel der Glücklichen, eine Art Christiania mit angeschlossenem Wissenschaftsbetrieb, besser ging's nicht … nach dem Mauerfall langsam die Kehre, harte Arbeit, steigende Mieten, und in Kürze geht's auf die letzte Runde vorm Ableben, die Berliner Ars moriendi … Ein Kumpel aus der ehemaligen Trinkgruppe Winterfeldplatz, Spitzname Heidegger, fasste seine Biografie noch kürzer: Ich wurde geboren, lebte und starb –

– in Kürze sterben? Glaube ich nicht, allein wie du redest … das erkenne ich als Deutschlehrerin, in deinem sprachlichen Bemühen steckt noch genug Lebenswillen –

– Klar, das Beste kommt noch, der Blick hinter den Vorhang … Im Grunde leb' ich hier wie ein Spatz … auch eine aussterbende Art, die verbringen ihr ganzes Leben in einem Umkreis von fünfhundert Metern, in dem Radius wird alles Notwendige erledigt.

– Ach, du Armer, sagte Büdinger, als Zugvogel geboren, als Spatz geendet.

– Aber ich piepe noch.

– Und Kinder, fragte Brigitte, hast du Kinder?

Diese Frage musste von ihr kommen. Eine Standardfrage, gestellt von einer, wie sie strahlend erklärte, zweifachen Mutter. Sie konnte nicht wissen, wie sehr mir diese Frage auf die

Nerven ging. Selbst im Smalltalk unbedacht gestellt, brachte sie mich regelmäßig ins Schleudern, traf einen wunden Punkt, meine stets wache Paranoia witterte den brüskierenden Versuch der Bloßstellung eines kinderlos gebliebenen Super-Egoisten – asozial im Kern. Ohne Familie und kinderlos war ein alternder Mann schon fast sowas wie Hitler. Die Verneinung von Brigittes verfänglicher Frage könnt mich als final Abgedrifteten entlarven, der den Sinn des Lebens verfehlt hatte.

– Kinder? Du hörst mich zögern …

Welche meiner Standardantworten wäre passend – die ausweichende, die ehrlich erklärende oder die rätselhaft verschleiernde Version … ja, nein, ja vielleicht, leider nein, ja oder nein … Ein Mann, der in libertären Zeiten weiträumig unterwegs war, konnte diese Frage ohnehin nicht klar beantworten. Ehe und Kinderkriegen gehörten damals nicht zum Lebensplan … und dabei war es eben geblieben, mit dauerhaften Konsequenzen, mit den schrecklichen Erinnerungen an einen kaum zwanzigjährigen Jungspund, der mehrere Dramen mit bang gesuchten Engelmachern verantworten musste und diese frühe Schuld zeitlebens zu verdrängen suchte.

– Kinder … doch, ja, ja … einen Sohn, sagte ich, drüben in Amerika, einen amerikanischen Sohn …

Das war die ehrliche Antwort. Einmal mehr erschien sie mir wie das Schuldeingeständnis zu einem mich auf komplizierte Art belastenden Vergehen. In jüngster Zeit hatte ich zur Überraschung anderer häufiger den Sohn erwähnt, nach Jahrzehnten des Verschweigens, einer mich selbst verwundernden Regung folgend … und das jetzt, wo alles zu spät war. Dieses eher theoretische Vaterschaftsbekenntnis hatte wie manches andere wohl mit einem halbbewussten Wunsch nach Revision des Schicksals zu tun, einem corriger la fortune, hinter dem das lang verdrängte Bedürfnis nach familiärer Normalität rumorte … Nach zwei, drei weiteren Gedankengängen verpuffte das als bloße Vorstellung, als Träumerei eines alten Singles ohne Anhang … doch ja, ich habe einen Sohn, ach nein, ich habe keinen Sohn …

– Keine Ahnung … keinen Kontakt, seit langem.

Brigitte hatte gleich mehrere Fragen gestellt, von mir nur unwillig beantwortet – ja, mittlerweile wohl so um die dreißig, wahrscheinlich nach wie vor am selben Ort, die Mutter, ja die Mutter, eine taffe Geschäftsfrau, hin und wieder ein Brief, der letzte kam vor etwa zehn oder fünfzehn Jahren aus Atlanta, Georgia, okay, den Namen willst du wissen … Eno heißt er, ja, genau, wie der … Music for Airports.

– Guter Mann, befand Andreas.

– An der Namensgebung war ich nicht beteiligt, auch in Atlanta bin ich nie gewesen … Dem kleinen Eno bin ich nur ein einziges Mal begegnet, da war er etwa drei, ein ausgesprochen schönes, blondgelocktes Kind, mit seiner Mutter auf Heimatbesuch in Deutschland … eine kurze, unwirkliche Begegnung beim Überqueren eines Zebrastreifens –

– Du musst da unbedingt etwas unternehmen, das geht doch nicht, das ist doch dein Sohn, was heißt keinen Kontakt, den Jungen musst du ausfindig machen, du musst ihn kennenlernen.

– Amerika ist weit weg und ziemlich groß …

– Heute nicht mehr, die Sache beschäftigt dich doch, und ihn wahrscheinlich auch, nein, nein, du solltest jedenfalls etwas tun, es liegt ganz bei dir, du musst den ersten Schritt machen.

Die mir seit einer Stunde bekannte Brigitte aus Essen ereiferte sich, um mich zu etwas zu bewegen, was ich seit einer Ewigkeit nicht angegangen war. Auch andere Frauen, denen ich bei Gelegenheit von Enos Existenz erzählt hatte, reagierten bis in die Wortwahl hinein gleich. Männliche Freunde blieben dagegen gelassen. Wenn ich mich einem aus der alten Clique offenbarte, gab's im Gegenzug oft für mich überraschende standesamtliche Neuigkeiten. Einer der alleinlebenden, auch nach dem Sechzigsten noch restvirilen Männer gestand zu meinem Erstaunen gleich vier bisher rundum beschwiegene Kinder – willkommen im Club, hatte er, offenbar ein Meister des Arrangements, auf mein herausgedrucksstes Bekenntnis gesagt, kein Grund für Scham und Aufregung. Nach diesen Gesprächen wurde der Nachwuchs der alten Freunde mit den Fingern einer Hand neu aufaddiert. Das passierte Mitte, Ende der Achtziger, die Zeit verging, und ein Männerleben ohne Kind musste ja nicht das schlechteste sein … Dennoch regte mich die Geschichte mit Enos Mutter immer wieder auf.

– Dann hast du deinen Sohn etwas verspätet zu sehen gekriegt, wie ein Kriegsgefangener oder Knacki, als Dreijährigen eben, sagte Andreas, vielleicht siehst du ihn ja bald nochmal, als gestandenen Dreißigjährigen.

– In jedem Fall solltest du etwas tun, wiederholte Brigitte, wo ist das Problem, du kannst doch ganz einfach dorthin reisen.

– Ganz einfach? Nee, nee, das kann ich mir nicht vorstellen … keine Ahnung, was die beiden treiben, genauso wenig weiß ich, was da drüben überhaupt los ist … keine Ahnung …

Während der langen Dauer des Fluges hatten wir uns einige Male zugelächelt, doch erst in der letzten Stunde waren wir ins Gespräch gekommen – häufig unterbrochen, da sich meine beiden Sitznachbarn immer wieder einer Frau und deren Baby in der Reihe hinter uns zuwandten. Wenn das Baby nach ein paar gurgelnden Lauten kurz aufwachte, scherzten und schäkerten sie mit ihm. Mein Sohn, zehn Monate, hatte der Ältere der beiden gesagt, derweil der Jüngere das Kleine einen Tick intensiver herzte. Die Mutter, eine naturschöne, solide Amerikanerin mit ihrem auf dem Schoß sich räkelnden Säugling, lächelte auch zu mir herüber, ihr deutscher Mann war weniger gesprächsfreudig als sein – wie ich mittlerweile wusste – ein paar Jahre jüngerer Geschäftspartner. Die drei waren einander aufs Angenehmste zugetan, unaufgeregt, selbstsicher, schienen zufrieden, glücklich gar … wie es sich gehört, dachte ich. Zu sehen, wie andere mit ihrer Existenz erkennbar klarkamen, machte mich dennoch immer leicht nervös. Mein vielleicht letzter runder Geburtstag lag erst einige Wochen hinter mir, eine weniger schöne Veranstaltung – denn sie erhärtete die Vermutung, dass wir mit siebzig in die Todeszone eintreten. Und in multi-morbider Körperverfassung ging's nun allein auf diese letzte Sentimental Journey … schon jetzt bewegt von diesen Zufallsmitfliegern, die einen gerade seine Höhle verlassenden Einzelmenschen ungewollt mit den leidigen Gedanken an die eigene Familienlosigkeit konfrontierten. Auf Reisen war ich leichter zu berühren als sonst.

Vor und während unserer Unterhaltung hatte der jüngere auf seinem Laptop einen Text mit viel Zahlenwerk rauf- und runtergescrollt – ein Vertragsentwurf unserer amerikanischen Partner, erklärte er, wir haben in New York drei Tage für die Abschlussverhandlungen. Meine Sitznachbarn führten eine Berliner PR- und Eventfirma, mit ihren achtzehn Mitarbeitern draußen in Neukölln sollte sie den gesamten Werbeetat eines weltweit operierenden US-Musikveranstalters verpulvern. Eine mich überraschende Verknüpfung – aber, so er, auf keinen Fall zu diesen lächerlichen einseitigen Bedingungen, wie er sie auf dem Bildschirm vor sich sah. Seine Erzählungen erinnerten mich an eigene, längst vergangene, allerdings mit umgekehrtem Vorzeichen amerikabezogene Unternehmungen. Das Geschäft hatte sich gewandelt, klar. War globaler geworden, wie der vermutlich ebenso global gemeinte Name ihrer Firma: Papa Mama Cola.

– Wie bitte?

– Papa Mama Cola, wiederholte er, das sind die ersten drei Wörter, wenn ein Kleinkind zu sprechen beginnt.

– Hm, keine Ahnung …

Vielleicht habt ihr nicht richtig hingehört. Die ersten Wörter eurer Kinderchen könnten auch diese sein: Papa Mama Kohle.

Anfangs hatte ich zur Einstimmung auf meine New Yorker Zeit eine Weile in Charles Dickens' »Aufzeichnungen aus Amerika« gelesen, über seine Reise 1842, mir aber bald im Bordprogramm einen aktuellen Spielfilm ausgesucht, auch der merkwürdigerweise mit familiärem Anklang. Eigentlich gefiel mir die Idee von »Wir sind die Millers« sogar: Ein kleiner Gauner mit großen Schulden muss sich auf Geheiß der Bosse ad hoc in seiner Umgebung eine Familie zusammensuchen – eine Frau gegen Bezahlung, dazu zwei nölige Nachbarskinder, denen er in einem Kurzlehrgang den nötigen Zusammenhalt beizubiegen versucht. Die sich täuschend echt danebenbenehmenden »Millers« machen auf Familie, um als Mexikourlauber im Wohnmobil einen Drogentransport durch Grenzstationen, Hinterhalte und Polizeisperren zu steuern. Angesichts der sie verfolgenden Bösewichter bleibt ihnen zunehmend nichts anderes übrig, als sich wirklich wie eine in der Not zusammenstehende Familie zu verhalten. Nach gewohntem Hollywood-Schema wird dann jedoch aus der sozialkritischen Satire per kalkulierter Eskalation ein zunehmend blöder Action-Gähner voller Bleigewalt und antiquierter Autocrashs. Am Ende bloß die zigste Variante eines amerikanischen Urthemas, das Hohelied auf die unbesiegbare Familie, na ja. Von Dickens' New-York-Bericht blieb immerhin eine seiner Beobachtungen im Gedächtnis: welche Vielfalt an Sonnenschirmen!

Dickens und die Millers – wie absurd, sich so auf New York einstimmen zu wollen. Halbbewusst sammelte ich bestenfalls Smalltalk-Sätze, Material für All Tomorrows Parties … Schließlich kam die Stadt näher und ich war dankbar, dass das Gespräch mit meinen Sitznachbarn mich davor bewahrte, einer Sturzflut an Gedanken über die bevorstehende Ankunft und die kommenden Monate ausgesetzt zu sein. Nachdem sie mir etwas zögerlich und ohne allzu deutlich zu werden ihr Geschäftsmodell beschrieben hatten, war's tatsächlich einmal passend, mit meiner eigenen Story rüberzukommen.

– Ich hab mal was ganz Ähnliches gemacht, sagte ich, allerdings in grauen Vorzeiten …

Vor allem den jüngeren Partner interessierte meine Story als Vintage-Blueprint eines – ja doch – breit operierenden Eventmanagers. Meine damalige Tätigkeit lag nur eben vierzig Jahre zurück und diente einer längst vergangenen Subkultur, dem Underground. Zwar hatte es den Begriff »Event« da so noch nicht gegeben, aber die Arbeit ähnelte seinem gegenwärtigen Job schon – ein Konzert war nach wie vor ein Konzert, ein Festival ein Festival, und eine egal wie hochgepoppte Werbeveranstaltung eben – Werbung. Fast schon prähistorisch wirkten dagegen die konkreten Umstände einer wüsten Gartenlaubenfirma, die zum Millionenunternehmen aufstieg und an den Widersprüchen ihrer Gründer zerbrach …

– Wir hatten schon 1967 einen angloamerikanischen Namen und bauten Stroboskope, diese Blitzlichter, ohne die bald niemand mehr tanzen wollte, wir erfanden Effekte für Diskos und Konzerte –

– Dann waren Sie ja so etwas wie Pioniere.

– Alle wollten sowas haben, viel Arbeit … und anfangs ein sozialistisches Hippiekollektiv, verstehen Sie, wir teilten alles, bis sich die Gruppe selbst teilte und die Geldgeilen die Überhand gewannen … Am Ende war's weder Kunst noch unkopierbare Technik, es waren Zeitgeistmaschinen …

All das hatte ich schon hundertmal mit langem Atem und oft selbstgefälligen Zuspitzungen erzählt … ja, mein Gott, die Kämpfe, die Vergangenheit, Aufstieg und Fall, glorios, natürlich. Der Sitznachbar, ein sympathisch entspannter Enddreißiger, die nächste Generation also, nahm's gelassen.

– Wir machen andere Fehler …

– Auch wir machten andere, als wir damals dachten …

Unsere Unterhaltung lief gelassen weiter, noch eine Stunde bis New York.

– Das kam doch ursprünglich alles aus Amerika, oder?

– Ja, aber das war uns nicht wirklich bewusst, es war zunächst nur eine Stimmung, die über den Atlantik wehte, Musik, Klangfetzen ohne Bilder, ohne genauere Informationen –

– Mein Vater hat mir erzählt, dass man bei den ersten Rockkonzerten noch ganz gesittet auf Stühlen saß –

– Aber nicht lange, dann riss es einen hoch und die Stühle fielen um, da ging bekanntlich einiges zu Bruch in der Waldbühne, in der Grugahalle, im Hamburger Star Club … Mitte der sechziger Jahre ging's richtig los hier, alles veränderte sich in Windeseile, unsere Verhaltensweisen, raus aus Sack und Asche, frei sein, dabei sein, ein schöpferischer Prozess begann … ohne Gebrauchsanweisung, eine Rebellion, das wissen Sie doch, für manche sogar eine Revolution …

– Von dem, was dabei herauskam, hab ich auch 'ne Menge Schreckliches gehört und gesehen –

– Tja, die Ambivalenzen der Achtundsechziger, ein irres Schwanken zwischen Kreativität und Destruktion, je nach Blickwinkel … heraus kam aber auch, dass Sie heute mit Ihrem Laden profitieren und ganz entspannt nach Amerika düsen, ein bisschen Geld aus der globalen Popkasse von drüben zurückholen –

– Dort haben Sie sich doch auch bedient –

– Ein Zufall eher, eigentlich wollten wir ja das ganze System der Geschäftemacherei kippen, verstehen Sie? Einheit von Theorie und Praxis in Richtung einer antikapitalistischen Gesellschaft. Eine Weltsekunde lang haben wir daran geglaubt.

Am Ende des umstürzlerischen Anfalls rollten ein paar Köpfe, danach begann, was immer auf eine Revolution folgt und was wir im Westen noch heute haben: Biedermeier. Wir machten 72 den Laden nach fünf Jahren dicht, in der immer klareren Erkenntnis, nur Wegbereiter der aufsteigenden Kulturindustrie gewesen zu sein –

– Nützliche Idioten der Revolution, im leninschen Sinne –

– Schönen Dank, nur eben für die falsche Revolution, für die Idee einiger plietscher Typen, mit Kultur Geld zu machen, smarte Amerikaner natürlich vorneweg.

Same Old Story – bei diesem Thema, beim Reden über Amerika, geriet ich unweigerlich in die Sackgasse der Widersprüche. Dieses Land, vor allem dieses New York, war für mich nach wie vor ein Ort der wechselnden Gefühle – fasziniert und abgestoßen zugleich, kam ich aus dem Love/Hate-Modus nicht heraus. Die große, sich durch frühere und jüngste Ereignisse ständig erneuernde Skepsis schmälerte die Vorfreude auf den vor mir liegenden, neuerlichen Aufenthalt dort.

Dieser innere Widerstand hatte seine Geschichte. Schon ewig her, der erste Flug nach Amerika – ein nur halb besetzter, sogenannter Charterflug von Köln nach New York, um mich herum nach Provinzgirl aussehende Ehefrauen von vietnamverschonten GIs auf dem Weg in ihre Heimatstädte … im Frühsommer 1972 gab es noch keinen Massentourismus nach Übersee. Das waren Fernreisen, und für mich Premiere, nachdem ich bei anderen Zielen wie Indien, Afghanistan oder querbeet Afrika zurückgezuckt war und mich für das vermeintlich einfachste entschieden hatte, ein Land, das damals viele Leute, ohne je dort gewesen zu sein, zu kennen glaubten wie ihre Westentasche, weil sie, einem Satz des berühmten Fernsehplauderers Werner Höfer zufolge, alles Wesentliche bereits in zahllosen Filmen gesehen hatten ... Zweitausend Mark kostete das Ticket, und Höfers Fernsehweisheit hielt nach Ankunft keine zehn Minuten – allein das Flughafengewusel, die Flotte nie zuvor gesehener zehn, zwölf Meter langer Stretchlimousinen, dann per Taxi hineinzufahren in die im Näherkommen immer höher aufragende, erregende Realität Manhattans, mit bebendem Herzen betrachtet ... schüchtern und privilegiert zugleich, als wäre vor mir nie ein junger Deutscher hier gewesen ... auch die folgenden New-York-Schocks waren in keinem Film vorherzusehen gewesen ...

– Der Zeitpunkt meiner ersten Amerikareise ergab sich von selbst, sagte ich, es war die Belohnung dafür, nach fünf harten Jahren das Hippie-Business endgültig aufgegeben zu haben.

– Echt andere Zeiten damals, kam es vom Nebensitz.

– Ja, sorry, so wie andere aus Wasser bestehe ich zu achtzig Prozent aus Erinnerungen ... das Langzeitgedächtnis ist die einzige Funktion, die sich im Alter tapfer hält.

Hinter uns machte das wieder erwachte Kleine ein wenig Baby-Randale, woraufhin ich mich umwendete und es mit fröhlicher Grimassenschneiderei zu beruhigen versuchte. Es gelang. Oder das Baby hatte sich aus anderen Gründen entschlossen, mit dem Schreien aufzuhören.

– Und Sie, sagte die Mutter, haben Sie Kinder?

Schon wieder. Diese penetrante Dinner-Frage, die von Tischnachbarinnen und bei anderen fremdelnden Konversationen so oft gestellt wurde.

– Nein, keine Kinder ... leider nicht ...

Nach der Landung verschwanden Mutter und Baby in einem Sonderausgang, während wir drei Sitznachbarn gemeinsam in die große Einreisehalle gingen. Die war mit irrwitzig langen, serpentinenartig aufgereihten Menschenschlangen überfüllt wie einst Ellis Island. Hier bewegte sich erstmal gar nichts – außer einer würdig schreitenden, stummen Prozession aus überwiegend Uniformierten, die sich ihren Weg durch die Wartenden bahnten. Der aus zehn, zwölf bewaffneten Polizisten gebildete Kordon sicherte zwei schwer einzuordnende, arabisch, nordafrikanisch oder auch panamerikanisch aussehende Männer in schlabbrigen Jogginganzügen und Handschellen, zwängte sie langsam in Richtung eines Fahrstuhls – für Hunderte Wartende die erste markante Impression auf amerikanischem Boden. So einen traurigen, ja zu Tode betrübten Gesichtsausdruck wie den dieser beiden, möglicherweise gefährlichen oder nur blinden Passagiere hatte ich lange nicht gesehen.

Das dürfte Stunden dauern, sagte der Vater mit Blick auf das Gemenge vor uns und holte kurz darauf einen Security-Officer heran. Mit energischer Gestik machte er dem Mann klar, dass seine längst ausgecheckte Frau mit ihrem Säugling draußen auf ihn wartete. Als Beweis für die dringend erwünschte Familienzusammenführung zeigte er seine komplett mit Babyspielzeug gefüllte Tragetasche vor. Okay, okay, follow me … Und schon spazierten wir drei frei und unbetatscht durch die Absperrung. Unglaublich, sagte ich, wie einfach das gehen könnte, jedenfalls für blond gefärbte Gefährder mit Familienanhang.

Gemeinsam machten wir uns auf den Weg vom Fernfliegerterminal zur Haupthalle. Als ich auf das gealterte Weiß der Seitenwände sah, langsam hinauf in den Winkel der Decke, wurde mir bewusst, dass dies derselbe Gang war, den ich bei meiner ersten Ankunft vor fast vierzig Jahren schon einmal durchschritten hatte ... Der Blick wischte über die aktuell angebrachten, mit bekannten New-York-Motiven werbenden Foto-Poster hinweg, stattdessen erschienen unvergessene Bilder aus meinem Langzeitgedächtnis, die ich meinen Begleitern beschrieb:

– Früher hing an diesen Wänden echtes Geld, und zwar alle Währungen der Welt, in übersichtlichen Schaukästen hinter Glas die gültigen Scheine und Münzen jedes damals existierenden Staates. Eine lehrreiche Begrüßung, diese sinnvolle, plausibel gehängte Ausstellung, da wusste jeder gerade gelandete Passagier aus Übersee gleich, um was es hier geht.

– Das wissen wir auch so, sagte der Jüngere.

– Nur eine Währung fehlte seinerzeit in der Ausstellung – das buddhistische Hell-Money, ein mit großen Zahlen bunt bedrucktes Papiergeld, das die Geschäftsleute in asiatischen Ländern jeden Freitagabend in eisernen Körben vor ihren Läden verbrennen, ein raffiniert durchgezogenes Ritual religiöser Doppelmoral, mit dem diese Gläubigen Vergebung für ihre Geldgier der vergangenen Woche erkaufen, und für die kommende gleich mit.

Es freute mich, als der Ältere beim Abschied sagte, dass wir unser Gespräch bei Gelegenheit in Berlin mal fortsetzen sollten.

Niemand würde mich am Flughafen abholen, wie ich seit Wochen wusste. Die Unterwaldt Foundation hatte mir ein sogenanntes Begrüßungsschreiben mit drei preislich sehr unterschiedlichen Vorschlägen für den Transport in die City zugeschickt. Ich wählte die billigste und mit Abstand unbequemste Tour, ein kurzes Stück mit dem Airporttrain, ein sehr langes mit der U-Bahn, mein sparsamer Reisestil hatte sich auch im Alter nicht verändert. Auf die geordneten Bahnen, den Komfort des gewöhnlichen Touristen galt es zu verzichten, die einheimischen, beschwerlicheren Wege gaben mir dagegen das Gefühl, im Alltag eines Ortes anzukommen und erste vage Eindrücke der Situation seiner Bewohner mitzukriegen.

Das gelang, indem ich mit Massen meist farbiger Fahrgäste durch sparsam beleuchtete Gänge zockelte, mich schwer bepackt in überfüllte Fahrstühle quetschte, Treppen aus altem Eisen auf- und abstieg und am Bahnsteig übermüdet versuchte, das Subway-System zu verstehen – Jamaica Station, ein traumhafter, assoziationsreicher Name für diesen Bahnhof am Rande der Stadt. Die erste der donnernd einrumpelnden Bahnen ließ ich fahren, verwirrt und betört vom Wiederhören des tosenden Klangs von alterndem Schwermetall, unverändert überlaut ... heavy metal, ein Sound, der tief in meinem Geräuschgedächtnis die Zeiten überdauert hatte. Er verwandelte mich in einen aus weiter Ferne Zurückkehrenden, Heimkommenden, der seine Heimatlosigkeit für Momente vergaß und sich unversehens zuhause fühlte.

Jamaica Station, Beginn der U-Bahn-Linien A, D, E. Und obendrüber in voller Länge der Zweimillionen-Bezirk Queens, von dem ich so gut wie keine Vorstellung hatte, nur eine dunkle Erinnerung, einmal bei einer Tramp-Bekanntschaft in deren Plattenbauwohnung gelandet zu sein. Im Wagen nun fast nur noch Farbige, die ich mit verhohlen kurzen U-Bahn-

Blicken ankuckte und mit längeren U-Bahn-Überlegungen bedachte – eine nutzlose Angewohnheit, sich hier en passant das Leben Unbekannter auszumalen. Die meisten waren allein unterwegs, von schlechtbezahlten Jobs weg oder zu schlechtbezahlten Jobs hin, wie ich vermutete. Aus ihren Gesichtern ließ sich beim besten Willen nicht herauslesen, ob sie happy waren, in Amerika zu sein. Niemand schaute jemand anderen an, es wurde kaum gesprochen, die Mehrheit interessierte sich ausschließlich fürs Smartphone. Nach ungefähr zwanzig Stationen in Manhattan angekommen, erweiterten Zusteigende mehr und mehr die Farbpalette. In der drangvollen Enge hatte ich die ganze Zeit meine drei Gepäckstücke mit beiden Händen fest zusammengehalten, während ein farbiger Sitznachbar aus seinem Handgerät Musik hörte und ein anderer, asiatischstämmiger, die Zahlenkolonnen mir unbekannter Sortierspiele rauf- und runterschob. Der vor mir stehende Weiße las auf seinem Display die New York Times. Gedruckte Zeitungen las keiner.

Auch mein Job an der Unterwaldt School of Art gehörte zu den eher schlecht bezahlten. Wahrscheinlich glaubten die Gastgeber, in New York zu sein wäre schon Lohn genug. Immerhin stellten sie mir ein kostenfreies, sogenanntes One-Bedroom-Apartment. Biografisch gesehen ein qualitativer Unterschied von erheblichem Geldwert, frühere Aufenthalte wurden von mir selbst finanziert oder durch monatelanges Schlafen auf einer Isomatte unterm Bücherregal erarbeitet, wie in diesem irren Winter 82 im Bürohaus in der John Street.

Mit der Orientierung im West-Village war's mittlerweile jedoch vorbei, das Apartment wollte erstmal gefunden werden.

Fünf an der 6. Avenue nach der Adresse befragte Passanten wussten nicht, was dann der sechste wusste: Es musste lediglich die Fahrbahn überquert werden, um in die auf der anderen Seite parallel liegende 3. Straße West zu gelangen. Eine zumindest am Beginn mit viel Gastronomie lockende Straße, gleich vorn lag der sogar mir bekannte Musikladen Blue Note mit einer langen Warteschlange meist älterer Jazzfans vor der Tür ... Immer noch brachte die blue note ihre Herzen ins Schwingen, sogar im Nieselregen. Ein paar Restaurants, Billigimbisse und Shops weiter las ich an einer schwarzen Hausfront neonhell »Negril«. Der Name gehörte zu einem über zwei Stockwerke reichenden und bereits am frühen Abend von vielen Farbigen belebten Lokal.

Negril, ausgerechnet Negril, dieses Fischerdorf an Jamaikas Westküste, ein schimärischer Ort meiner Vergangenheit, an den ich gerade in jüngster Zeit häufiger denken musste ... In den siebziger Jahren hatte es mich dorthin gezogen, ein abenteuerschwangerer Geheimtipp, wenige im Dschungel halb versteckte Hütten, aus allen Himmelsrichtungen scheppernde Reggae-Klänge, am Strand die Tag und Nacht glühend heißen Wellblechbaracken für fünf Dollar ... Nicht auszuhalten, ohne dauernd Ganja zu rauchen, wie der sich hier rumtreibende Underground-Adel aus jungen Amis und Kanadiern. Ein Traumort für Hippies, klar, die karibische Gegenwelt, die See, Haschisch- und Honigorgien. Wochenlang lebten wir in subtropischer Zeitlupe, versorgt von Negriler Rastafarians, die hochempfindsam auf dem Boden ihrer ungedeckten Holzhäuser hockten und auf Haile Selassie warteten, ihre Heilshoffnung aus Afrika ... In der einzigen Kneipe schütteten großzügige Fischer weißen Rum bis zum Rand in Zahnputzgläser und lachten, wenn wir heimwärts wankend jede einzelne Palme umarmten … Ein Leichtes, später Freunde von diesem Platz zu begeistern, einer nach dem anderen fuhr dorthin und blieb eine Zeit.

Yes, Negril, Jamaica … ein erstes proustsches Plätzchen im New Yorker Regen, da schoss mir so einiges durchs Hirn. In Negril wurde Eno geboren, im Bauch seiner Mutter war er in dieses Nest geraten … hatte dort die ersten Lebensjahre verbracht. Was für eine Kindheit könnte das gewesen sein … die eines Dschungelkindes oder die eines bezärtelten kleinen weißen Jungen … Aber wer hat sich in dieser Zeit um ihn gekümmert? Welcher Hippie hatte statt meiner den Vater gespielt? Und wie war es dann weitergegangen? Darüber wusste ich sehr, sehr wenig.

Gerade angekommen, erwischte mich schon die Erinnerung an das seit Ewigkeiten abgelegte Ich des Endzwanzigers. New York – die Welt noch einmal? Oder nur die Taten einer unabschließbaren Vergangenheit noch ein weiteres Mal nacherleben? Der vom früheren Treiben gequälte Alte sein, der sich als subtile Buße an so manches Fehlverhalten erinnern muss? Durch die Glasfront betrachtet, sah das Negril verlockend aus, wie eine schöne Reminiszenz, ein zweifellos ethnisch ausgerichteter Club, breite, etwas theatralische Treppen und ein auf den ersten Blick attraktives Publikum. Vielleicht sollte ich dort demnächst mal hingehen … ein naiver Vorsatz. Obwohl ein Gespräch mit einer farbigen Lady an der Bar leicht in Gang kommen könnte – oh yes, Jamaica, I have been to this place, I remember even Negril very well, you know … long time ago. Okay, my german friend, würde sie sagen – let's talk about Kaiserslautern, the place where I was born.

Wenn ich Berlin verließ, verflüchtigte sich nach wenigen Minuten die über Jahrzehnte erhärtete Tatsache, in Vollzeit in dieser Stadt zu leben. Nach achttausend Kilometern Flug behandelte mein Hirn die dortige Existenz wie eine biografische Episode unter vielen. Die eigenen Grenzen verwischen, die Perspektive wechseln, darauf kam's an ... Ein paar Schritte noch bis zur Bleecker Street, einer jener privilegiert krummquer durch Manhattans Schachbrettmuster laufenden Straßen, und schon ragten rechter Hand die vor Wochen bereits im Netz bestaunten Silver Towers auf, drei in eher flacher Nachbarschaft luftig nebeneinander gebaute, braungelbe Wohnhäuser mit zweiunddreißig Stock – kleine Wolkenkratzer des Geistes, für lehrendes Personal gespendet von der Familie Julius Silver.

Der Doorman händigte mir die Schlüssel der Wohnung aus, nett wie von verreisten Freunden in ein beschriftetes Plastiktütchen verpackt. Ein mit wenigen Blicken akzeptiertes, mir hochsympathisch geschnittenes Apartment – kleine Küche, kleines Wannenbad, kleiner Bedroom, im Flur Einbauschränke und ein etwa vierzig Quadratmeter großes Zimmer, mit Parkettboden, Tisch, Couch, Bücherregalen und dem vor einer sechs Meter langen Fensterfront stehenden Schreibtisch. Dieses leicht abgewohnte New Yorker Apartment entsprach mit seiner nüchternen, bauhausnahen Schlichtheit genau meinem Geschmack – nie und nirgends würde ich mehr wollen als so eine einfache, sachliche Wohnung. Der große Mime Minetti hatte recht, als er im proustschen Fragebogen sagte, er brauche keinen Luxus, er brauche nur genügend Raum. Einzig die von Vorbewohnern hinterlassene Reizwäsche trübte kurz die Stimmung – beim Stöbern in den hinteren Einbauschränken war mir ein mit Tüll und Spitze besetzter, schwarzroter Frauenslip nebst passendem Hemdchen in die Hände gefallen …

Später räumte ich Wäsche in die Schränke, legte meine Notizbücher auf den Schreibtisch, darunter ein reichlich ramponiertes aus dem Jahr 1972, das Tagebuch der Jungfernreise nach Amerika. Zum x-ten Mal schaute ich auf die erste Eintragung vom 7. August, einige begeisterte Zeilen über die Ankunft in New York, im Chelsea-Hotel, wo mich zehn, zwölf fette Kakerlaken nie gesehener Art auf dem Laken begrüßten – nichts Wesentliches, was dort sonst noch stand, aber bedeutend doch. Im Nachhinein betrachtet markierten die ersten Sätze in diesem Notizbuch den Zeitpunkt, an dem ich zu schreiben begann – nicht als Autor oder Schriftsteller, sondern als junger, von Küste zu Küste reisender Mann, der niemanden zum Reden hatte und daher am Abend seine Eindrücke schriftlich loswerden musste … meist im Stil von: Hallo Leute, kuckt mal, was mir in den Vereinigten Staaten heute so alles aufgefallen ist … Ginsberg im Hotelfahrstuhl der Chelsea oder der Maronenverkäufer an der Rotlichtecke der 42. Straße, der auf meine besorgte Frage, ob dies hier schon Harlem sei, mit einem Lachanfall antwortete … nein, noch achtzig Blocks. Niemanden zu haben, mit dem über das Erlebte oder Gedachte geredet werden konnte, war für mich seither die plausibelste Begründung für das Schreiben. Beim knapp zehn Jahre später folgenden, monatelangen Aufenthalt in dieser Stadt füllte sich ein ganzes Oktavheft.

Doch weder in all den mitgebrachten Notizbüchern noch anderswo findet sich ein Wort über Eno oder Nina, seine Mutter. Schon eine besondere Frau, die Nina, eine nur wenige Monate andauernde Beziehung, eine höchst eigenwillige Lady … Sie hatte Großes vor, wollte raus aus Deutschland, ein unanfechtbarer Plan, für den ich blind war … Zu meiner und aller Überraschung zog sie ihr kompliziertes Vorhaben durch wie eine Selbstverständlichkeit … und dann kam er in der Karibik zur Welt, unser, mein einziger Sohn. Lange und längste Zeit, auch ohne konkreten Anlass, habe ich an die beiden gedacht, mehr oder weniger ins Nichts hinein, ehe die Gedanken bis auf weiteres wieder verschwanden – von mir ohne nachhaltiges Schuldgefühl verdrängt, das Leben tat es. Erst in den letzten Jahren, im beginnenden Alter, verstärkte sich das lange Zeit uneingestandene, durch Ratlosigkeit eingeschränkte Bedürfnis, den längst erwachsenen Sohn kennenzulernen. Und wenn meine jüngsten Nachforschungen zutrafen, dann lebten Eno und ich zum ersten Mal gleichzeitig in derselben Stadt, hier in New York City.

An Enos Adresse heranzukommen, hätte selbst für mich digitalen Klippschüler eine einfache Aufgabe sein müssen. Doch es funktionierte nicht – bei »Eno« spuckte die Suchmaschine fünf Millionen »Brians« aus. Wie könnte mein Sohn denn mit Nachnamen heißen? Trägt er den Mädchennamen seiner Mutter? Trägt sie ihn noch, nach einer oder mehreren möglichen Heiraten? Führten die beiden noch denselben Familiennamen oder mittlerweile zwei verschiedene? Alle paar Monate hatte ich es mal probiert, als würden sie sich bei Gelegenheit besinnen und mir in der Namensfrage etwas entgegenkommen … immer wieder rein ins Netz, in dieses halbirre schwebende Jenseits, das einen anzieht wie eine Religion und an die besten Lebensphasen glauben lässt wie an den Tod. Abgesehen davon kam es mir höchst zweifelhaft und im Grunde masochistisch vor, in detektivischen Web-Portalen oder Networks hinter dem eigenen Sohn her zu sein. Und selbst dabei noch zu scheitern. Auch die Kombination mit Ninas Mädchennamen ergab regelmäßig Endloslisten falscher Fährten.

In den damaligen, kunstorientierten Freundeskreis hatte diese Frau nicht hineingepasst, wobei die überwiegend männliche Belegschaft trotz aller Arroganz und allem penetranten Originalitätsgetue im Falle eines aufkommenden Begehrens durchaus übergreifen konnte in andere, alltäglichere Zirkel. Die Spermien der Künstlerkandidaten flossen, wohin sie wollten, und ein paar tausend kamen naturgemäß dort durch, wo sie besser nicht durchgekommen wären. In einer unserer Stammkneipen war Nina öfter inmitten einer wenig anerkannten, naiv poppigen Clique aufgetaucht. Ich kann mich nicht mehr erinnern, ob sie mir in dieser Zeit erotischer Vollbeschäftigung von vornherein besonders aufgefallen war … eher der stets neben ihr herumwuselnde, um einen Kopf kleinere Bursche, der unbeirrt hochhackige, blaurotsilbern glänzende Stiefel im Design von Stars & Stripes trug, was die ganze Crew geschmacklich runterzog, sein Spitzname »Sternchen« sagte einiges. Diese Clique gehörte zur Laufkundschaft der immer häufigeren Rockkonzerte. Sie verpassten kaum eine der angesagten, in der Musikhalle oder der »Fabrik« gastierenden Bands – um anschließend niedergetrommelt in der Ecke einer ebenso angesagten Kneipe zusammenzuklucken, ohne den Faden des Abends wiederzufinden. Gut möglich, dass sie in diesem intellektuellen Umfeld mit der Frage rangen, ob sie auch hier nur unter Publikum liefen oder eventuell doch selber jemand wären. Eines Abends sagte irgendwer, dass Nina ihr Sternchen schneller schnuppe sein würde, als der sich das vorstellen könnte. Nach und nach löste sie sich von ihren Leuten, um sich in den Stammbars dezent in den Vordergrund zu schieben – als Frau mit interessanten Plänen, blond, bebrillt und im allgemeinen Trubel nächtlicher Aufgekratzheit auf eine nüchterne, schlichte Weise attraktiv.

Wo war Nina jetzt? In der Realität lief die Familiensuche auch nicht besser. Meinen alten Freund Diddi anzurufen, kostete nach etlichen Jahren Gesprächspause noch die geringste Überwindung. Als einen an der Geschichte nicht ganz Unbeteiligten konnte ich ihn bitten, etwas über Ninas und Enos Verbleib herauszufinden.

– Und warum willst du das wissen, giftete er durchs Telefon, warum gerade jetzt – willst du deinem Jungen zum Dreißigsten erstmals persönlich gratulieren?

– Könnte auch der einunddreißigste sein …

– Nicht mal das weißt du, und willst dich am Ende auf die Seite der alten Freibeuter schlagen, die sagen, okay, das gelebte Leben war Schall und Rauch, aber wenn ich etwas Gutes gemacht habe, dann ist es dieses wunderbare Kind …

Von allen alten Freunden kannte Diddi die Geschichte von Nina, Eno und mir am besten. Für die Schärfe seiner Reaktion gab es mehrere Gründe, doch was den Kern seiner Frage anging, lag er nicht ganz falsch. Ja, warum dieses wachsende Interesse an einem lange vernachlässigten, mittlerweile ausgewachsenen Kind? Und warum gerade jetzt?

– Ich weiß es nicht, vielleicht wegen der Einladung nach New York, die ich vor kurzem bekommen habe.

– Und da denkst du dir, na ja, bei der Gelegenheit schaut der unbekannte Daddy mal vorbei und kuckt nach, was aus seinem amerikanischen Söhnchen so geworden ist.

– Hoffentlich kein Immobilienheini.

– Und jetzt willst du ihm die erfreuliche Mitteilung machen, dass er von seinem Papa außer ein paar Schulden nix zu erben kriegt.

– Das dürfte für mich keine leichte Sache werden, sagte ich, du kennst doch meinen Hang zu Skrupeln aller Art …

– Ja klar, nicht leicht für dich alten Egoisten, vielleicht erinnerst du dich, wie ich in größten Nöten einmal aus New York bei dir zuhause angerufen hab, mit dem letzten Geld bei den damals irrwitzigen Telefongebühren, und du mir eine halbe Stunde lang von deiner schlimmen, grauenvollen, furchtbar schrecklichen Achillessehnenreizung erzählt hast – unglaublich, diese Ignoranz.

In dem bereits Wochen zurückliegenden Gespräch hatte er mir noch einiges mehr vorgeworfen und dabei seine Rolle in unserem spätjugendlichen Beziehungsdreieck völlig außer Acht gelassen – denn eigentlich war er, der schöne Diddi, seinerzeit Ninas erklärter Favorit gewesen ... Ein paar Tage später rief er an und erzählte, dass auch für ihn nicht rauszukriegen sei, wer von den früheren Bekannten überhaupt noch Kontakt mit ihr hätte.

Probier's doch drüben nochmal, hatte er schließlich gesagt, die Amis haben doch diese Suchportale und andere fiese Dienste ... oder heure 'nen Privatdetektiv an.

Um eine Person zu finden, bedurfte es heute selbst in einem Land ohne Meldepflicht keiner großen Anstrengungen mehr. Auch keiner hinausgezögerten Suchaktion wie in dem vor Jahrzehnten gelesenen Handke-Roman, wo der Erzähler anhand der an wechselnden Orten eingelösten Schecks die vor ihm quer durch Amerika fliehende Geliebte verfolgt, womöglich die gedehnte Metapher eines coitus interruptus in romantisch analogen Zeiten. Lang vorbei, das spannende, infame Ausbaldowern, jemandem in unklaren Beziehungssituationen mit Herzklopfen bis zum Hals nachzusteigen – die Erregung bei der Personensuche dauerte heute nur Sekunden, einige Klicks am Rechner und voilà. Wenn es mehr als eine Adresse sein sollte, mussten bei amerikanischen Portalen wie Familysearch oder Businesspeople eine Handvoll Dollar nachgeschossen werden – die Aufdeckung der letzten fünf geXXXXXten Ziffern einer Telefonnummer kostete 'nen Hunderter, der Blick ins Strafregister einer Person noch mehr. Was waren das für Bedingungen, was für Leute, die so etwas möglich machten – IT-Schnüffler in Heimarbeit, als lukrative Nebentätigkeit … Vielleicht waren's die gleichen Startup-Cleverles, die einen dieser Friedhöfe im Internet besaßen, wo ein noch beizeiten selbst gedrehtes Video eingestellt werden konnte, und fertig war das Grab, die Netzbestattung … ein weiterer Schritt in Richtung Posthumanität, zumindest aber die logische Fortsetzung der Do-it-yourself-Kurse der Volkshochschulen, wir töpfern uns die eigene Urne. Am teuersten war die Aufdeckung der standesamtlichen Daten, die – nationwide – alle jemals geschlossenen und geschiedenen Ehen der gesuchten Person auflisteten.

Warum meine Sucherei so lang ergebnislos geblieben war, kam einige Wochen vor der Abreise nach New York eher zufällig heraus – und das während der Weihnachtstage. An Heiligabend, wie gewohnt allein zuhaus, zog ich aus Mangel an anderen Möglichkeiten meinen traditionellen Großputz durch. Meditativ und nachdenklich, aber relativ gewissenhaft erledigte ich in acht, neun Stunden das, was in meiner sogenannten Junggesellenwohnung über Monate angefallen oder nur schludrig behandelt worden war – selbst bei Heizungsrippen und Fußleisten wurde nicht geschummelt. Theoretisch konnte alles sauber werden, praktisch jedoch war nie alles sauber. Während des Putzens schmutzte es ja schon an anderer Stelle wieder ein. Und je mehr einer alterte, desto größer wurde die Wohnung. Da wedelte mann als Sissy Phos mit dem Lappen, allüberall Staub in der Bude, die eigene Endlichkeit ließ grüßen, der verdammte Staub, ein hämisches Memento Mori …

Im beißenden Duft der Putzmittel konnte so ein Solo-Heiligabend ziemlich in die Hose geh'n … musste nicht, aber konnte … Auch diesmal war es nicht einfach, die leise Verzweiflung zu unterdrücken, Stunden gingen unter permanent anschwellenden und wieder abflauenden Erinnerungswellen dahin … An diesem speziellen Datum dachte ich an eine Reihe früherer Heiligabende und die damit verbundenen Menschen, an eine biologisch nicht zusammenhängende, aber zusammengefühlte und auseinandergerissene Familie, gedachte der verlassenen Städte und Wohnungen vergangener Zeiten, natürlich auch der Frauen, die mit mir womöglich eine Familiengründung gewagt hätten. Der letzten Geliebten trauerte ich sogar noch etwas nach, Ella … Unter ihrer Ägide war der Heiligabend immerhin zweimal nicht als Großputztag verlaufen. Beim ersten gemeinsamen Fest besuchte sie »aus Tradition« eine Christmette – allerdings ohne mich, der derweil englisch radebrechend mit ihren Untermieterinnen pokerte, drei jungen Japanerinnen. Der Freund der schönsten war für diesen einen Abend aus Tokio eingeflogen, true love, meinte Ella, als bemesse Liebe sich in Flugkilometern. Im Jahr drauf zwang sie mich gewieften Weihnachtsskeptiker auf erpresserische Weise, in meiner Wohnung erstmals im Leben einen Weihnachtsbaum aufzustellen – ohne anständigen Baum, sagte sie, komm ich Heiligabend nicht zu dir. Wenige Wochen später waren ihr die paar hundert Meter auch mit Baum schon zu viel.

Doch wie sonst bei der Hausarbeit tröstete die raumfüllende, rabenschwarze Nachtmusik meiner Lieblingsband Bohren

& Der Club of Gore, ihr sanft lakonischer, gen null entschleunigter Zeitlupen-Rock ließ einen Ton extrem lang in der Luft stehen und bremste das sentimentale Abdriften ... der Stillstand der Dinge ... ein stumm verharrender Tatortreiniger, den Schrubber und ein im Medizinschrank gefundenes, ungarisches Kondom in Händen, das Verfallsdatum lang überschritten.

Bevor ich zum ebenfalls traditionellen Heiligabend-Spaziergang zum Bahnhof Südkreuz aufbrach, kamen noch einige länger nicht durchgesehene Kartons an die Reihe. Ohne nach Bestimmtem gefahndet zu haben, fiel mir beim Kramen ein älterer Brief von Nina auf. Der Blick auf den Absender machte sofort klar, wo bei der bisherigen Suche der Fehler gelegen hatte – ihr vom Gedächtnis leicht verfälschter Name war's, noch dazu ein Doppelname. In blassblauer Krakelschrift stand auf dem Luftpostumschlag: Nina Jepsen-Harris, Atlanta, Georgia. Jepsen, nicht Jebsen, dazwischen lagen hinter dem Google-Schlitz Welten. Ninas wenige Briefe und Postkarten waren meist in jahrelangen Abständen gekommen – vermutlich schrieb sie in gefühlswirren Zeiten nach Trennungen oder der Scheidung von Mister Harris, der immerhin seinen Namen dagelassen hatte. Auch in diesem von mir nun überflogenen Brief machte sie sich Sorgen über ihre und auch Enos Zukunft. Eno war da ungefähr sechs Jahre alt.

Den vielen frei zugänglichen Nennungen zufolge füllte Nina Jepsen-Harris etliche Funktionen in verschiedenen Städten aus – meist als Managerin diverser Objekte in der Immobilienbranche. Es war nicht das erste Mal, dass die Suche nach verschollenen, absehbar zu Geld gekommenen Freunden bei einem der jeglichen Besitz exakt auflistenden Immobilienportale endete. Noch an Heiligabend las ich mich in Ninas laufendes Berufsleben ein, das Leben einer offenbar erfolgreichen Geschäftsfrau, Maklerin oder Eigentümerin. In einem der Portale wurden unter der Rubrik »relatives« ohne Angabe des Verwandtschaftsgrades zwei Personen aufgeführt, Landon Harris und – für mich überraschend – ja, Eno Harris. Er hatte sich also irgendwann für diesen Namen entschieden, was mich für Momente traurig stimmte.

Zumindest war die weitere Suche damit eine Frage von Minuten. Im Nu geriet ich auf die Website eines Fernsehsenders, offenbar Enos aktueller oder früherer Arbeitgeber. Er arbeitete dort als Sportkommentator und beschrieb in erwartbarem Werbejargon die Vorzüge des von ihm leidenschaftlich geliebten Jobs. Da hätten wir also eine erste Gemeinsamkeit, dachte ich, Sportreporter war auch mein jugendlicher Traumberuf, ehe ihn verlockendere Träume ablösten. In kleinen Kästchen gab es noch eine Menge weiterer Hinweise zu ihm, seinen Aufgaben und Betätigungsfeldern. Doch war ich jetzt schon zu aufgeregt und auch verstört, um mich dort genauer ein- oder festzulesen. Stattdessen folgte ich einem Link, der unter »More on Eno Harris« mehr Informationen versprach … und mir in Sekundenbruchteilen ein Passfoto in die Augen schoss – das erste Foto, das ich von ihm je sah, es nahm mir den Atem … was für ein Moment, das erste Bild des eigenen Sohns auf diese Weise präsentiert zu bekommen, ein erschreckender, unbegreiflicher Moment, in dem es nichts zu empfinden gab, ein Schock, der mich minutenlang paralysierte.

Nach einer Weile hatte ich die unheimliche Begegnung verkraftet und schaute mir das Foto genauer an. Es zeigte einen gut aussehenden, jugendlich optimistischen Mann von Mitte, Ende zwanzig. Kein Zweifel, ein Erwachsener, ein verdammt erwachsener Sohn, dessen Anblick ich ein für alle Mal ins Innere aufnehmen musste. So sah er also aus … und mir vielleicht ähnlich? Eine auffällig hohe Stirn, lockiges, vielleicht gelgebändigtes, halblanges Haar, ein frisches, rundliches und fleischig gepolstertes Gesicht … er wird doch nicht übergewichtig sein … mein Sohn, ein amerikanischer Moppel? Vergeblich suchte ich nach auffälligen Ähnlichkeiten. Nein, nichts zu machen – einzig die Nasenpartie könnte man mit viel gutem Willen mit meiner in Verbindung bringen. Was hatte ich mir denn vorgestellt? Nachdem ich ihm nur einmal begegnet war, als blondgelocktem Süßkind von drei Jahren. Wenn meine Erinnerung mich nicht täuschte, sah der groß gewordene Eno seiner Mutter allerdings genauso wenig ähnlich.

War er jetzt womöglich keinen Kilometer weit von mir entfernt? Was wäre in New York, in seiner und jetzt einige Zeit auch meiner Wahlheimat, Besonderes zu tun? Als Erstes packte ich mal weiter Sachen aus, kuckte mir die Küche genauer an und sortierte meine Mappen und Kladden auf dem großflächigen Schreibtisch. In einem der Notizbücher stand die vor Monaten gefundene Adresse von Eno, genaugenommen drüben in Brooklyn, Bezirk Greenpoint. Die F-Line der U-Bahn führte in die Nähe seiner Wohnung, bequem zu erreichen von der Station an meiner Ecke, quasi von Tür zu Tür.

Vorm Schlafengehen überflog ich im Reiseführer die beiden Abschnitte »East Village« und »Greenwich Village«. Es war angenehm, hier zu sein – inmitten einer nach den ersten Eindrücken kaum veränderten Gegend, so als wäre heute wie gestern. Auch der ums Haus wehende Sound schien noch der gleiche zu sein, lullte mich ein, langsam und vertraut wie ein altes Wiegenlied. Erst einmal ankommen. Und bloß nichts überstürzen.

Nach der ersten Woche in New York war ich halbwegs akklimatisiert – das hieß, die Stadt hatte mich im Griff, was wiederum hieß, die Ambivalenzen im Verhältnis zu ihr wurden zum Leitthema im fünfzehn, sechzehn Stunden anhaltenden Tagesgeschäft der Beobachtung und Reflexion. Unausweichlich, dieses Hin- und Hergerissensein, das dem morgendlichen Denken, der ansonsten hierarchielos mäandernden Verästelungsroutine, einen bestimmten Drall gab und beim Erwachen begann. Mit Entfernen der auch bei Mucksmäuschenstille genutzten, hier aber absolut nötigen Schweizer EAR-classic-Ohrstöpsel platzte der aufgedrehte Sound Manhattans ins Hirn und sorgte in akkustischer Hinsicht für Klarheit – here you are, welcome back, nothing changed. Die jahrzehntealten, metallgerahmten Schiebefenster ließen die Klangwellen ungedämpft herein – ihre wundersam gemixten Laute waren stets vor allem anderen da. Seit der Ankunft nahm mich das polyphone Feuerwerk wie seltene Musik gefangen, mal klassisch, mal dissonant, mal rockig, mal spacig – eine unendliche Kakophonie aus den ewigen Jagdgründen, ein tierisches Trompeten, knatterndes Getrommel wie von Spechten, Gekreische, Gekeife, Gepiepe der Lastwagen während der Entladung ... das Präludium des Tages, ein vielstimmiges Grundrauschen, das Wind, Motoren, Klima-Aggregate, Autohupen und Ventilatoren in unablässigem Wirken erzeugten ... ergänzt noch von den je nach Dringlichkeit laut aufjaulenden Martinshörnern von Polizei, Rettungsärzten und Feuerwehr, die auf dem Höhepunkt der Gefahr zum orgelnden, alles andere zum Halt verdonnernden Crash-Crescendo anschwollen … Wenn ich etwas liebte an New York, dann diese in den Hochhausschluchten lautstark perpetuierten Cluster, diesen ungespielten Jazz. Keine andere Stadt kriegte das so gut hin. Der Klang von Manhattan legte den schmeichelhaften Gedanken nahe, Mitwirkender in einem besonders produktiven Raum oder gar einer Band zu sein – eine mich unverdient erhebende Vorstellung, die auch nur ein paar Momente währte.

Wirr und vage, die weiteren Erhebungen nach dem Aufstehen – kein Verlass auf die üblichen Beruhigungsrituale, hier fehlte die Macht der Gewohnheit. Allein die Tatsache, in einem Bett in dieser Höhe zu schlafen, zwanzig, dreißig Meter über der Straße in möblierter Luft zu liegen, sorgte für eine leichte Verschiebung des équilibre mentale ins Unwirkliche.

Beim Rundgang durch die Wohnung fiel der erste Fensterblick hinunter auf den Flugzeugträger – in Wirklichkeit das Flachdach des Fitnesscenters nebenan, zwei blau grundierte Fußballplätze groß und auf der langgezogenen Außenbahn bereits belebt von ersten Joggern. Einige liefen ihre Runden rückwärts, frei nach Jim Fixx, dem Erfinder dieses Sports und späteren Opfer eines Herzinfarkts. Die kleinen Chinesinnen waren auch wieder da, kindlich zarte, spillerige Leichtgewichte, die mit verlegenem Gekicher und perfektem Dress ihre hoffnungslos verrenkte Tennis-Simulation abzogen, die Schläger, der Ball zu schwer, das Feld zu groß, das Netz zu hoch, sie wollten sich amerikanisch geben, sich möglichst schnell in die Studentenschaft integrieren … ich sollte mich da eigentlich anschließen … Durch ein schmales Seitenfenster schaute ich runter auf die Straße, staunte über die nicht endenden Kolonnen eilender Fußgänger auf direkten Wegen wohin bloß … zum Job, zum Shop, zu ihren eigenen oder den Geschäften anderer. Selbst ohne Verpflichtung, ohne Ziel, beunruhigten mich die allgegenwärtigen Massen, schon seit Tagen schwelte die Sorge, hier keinen Zugang zu finden, ausgeschlossen zu bleiben unter Millionen, als erinnerungsgeplagter, auf sich selbst zurückgeworfener Phantomvater in seiner Splendid Isolation.

Gar nicht so einfach, jeden Morgen wieder einen halbwegs überzeugenden Plan für den Rest des Tages zu entwickeln. Den Stillstand, das Nichtstun so lange wie möglich auszudehnen, sich die Dynamik noch vom Hals zu halten, die mir dort draußen bei egal welcher Aktivität sehr schnell die Energie wegknabbern würde. Der Blick auf die wegen des Flugzeugträgers gut hundert Meter entfernten Hausfassaden gegenüber wirkte beruhigend. Das kurze Stück Straße gefiel mir, so altvertraut und wenig bedeutend wie die meisten urbanen Ecken … Wenn es in der Stadt ein gutes Leben geben sollte, dann in den Wohnungen dieser kompakten bürgerlichen Bauten. Mit dem Morgenkaffee am vermutlich als Esstisch gedachten Möbel kuckte ich ausgiebig auf die Fronten der Häuserzeile aus sieben oder acht Büro- und Wohngebäuden, mal zehn, mal vier Stock hoch, mal zwanzig, mal nur sechs Meter breit, hundertdreißig oder mindestens dreißig Jahre alt, die Vorderseite mal schlicht schön, mal stuckschön. Eines prunkte mit weithin sichtbaren, weißen Säulen, nicht etwa unten im Eingangsbereich, sondern oben im siebten, achten Stock als überraschend eingefügtes, zehn Meter hohes Himmelsportal vor den darauf sitzenden beiden letzten Stockwerken, eine märchenhafte und humorvolle Idee. Einander unähnlich, schlossen die Häuser ohne jeden Zwischenraum ans nächste an, ein bis zu den Straßenecken rechts und links reichender, kurzer Block von solider lokaler Durchschnittlichkeit, dessen Fassaden nach Genua oder Hamburg aussahen. Eine Stadt muss an andere Städte erinnern, dachte ich, erst das macht sie einzigartig. Vermutlich wollten die Stadtväter im 19. Jahrhundert architektonisch mit der alten Welt mithalten ... und zugleich den Emigranten in der neuen ein Gefühl von Heimat geben ... Das hat sich verkehrt, heute baut Europa so, als sollten Amerikaner sich dort wohlfühlen ...

Was den nachbarlichen Kernbauten an ästhetischen Extras abging, wurde auf den Dächern nachgeholt, wie zur Entschuldigung – als Sahnehäubchen oder, wie's hierzulande heißt, als Cherry Crown in Form einer antik anmutenden Kapelle, eines gemauerten Zwergenhauses oder auch als ernstgemeinter, kleiner Garten nebst Wäldchen. Kein ökologisches Vorzeigeprojekt, eine eher banale New Yorker Note, wie die an den Außenwänden verankerten, gusseisernen Feuertreppen der sich hinterm Block verschachtelt hochtürmenden Gebäude, oben noch immer alle mit Zylinder, dem schwarzen, auf Stelzen stehenden Wassertank ... ein anheimelnder Anblick, das betagte Treppengerippe, die übergroßen Regentonnen, all das gehörte seit Pionierzeiten zum amerikanischen Inventar.

Das alte Manhattan lässt grüßen. Auch spätabends schaute ich inständig hinüber, versuchte sogar, in die eine oder andere Wohnung hineinzukucken ... kaum etwas zu erkennen, jemand betritt einen Raum, nimmt etwas an sich und verlässt ihn wieder auf dem Weg in hintere Zimmer … Nur in einem der zwei, drei Dutzend im Blickfeld liegenden Apartments flackerte bläulich TV-Licht, vielleicht bei einem deutschen Interimsmieter, der ähnlich organisiert ist wie zuhause, pünktlich um acht Uhr gibt's auch in Amerika sowas wie eine Tagesschau … Auch hier bei mir stand auf einem Extratischchen ein kleiner toter Flachbildfernseher, dem mehrere im Raum verstreute, zum Rätseln hinterlassene Kabelhaufen kein Leben einhauchten – vierhundert Sender sendeten ins Land, bei einem saß womöglich gerade Eno auf seinem Moderatorenstuhl und spulte Spielergebnisse ab, bei Bloomberg Sports News. Der Sportreporter, der Romanheld von Richard Ford, wäre hier auch für mich eine Rolle gewesen … Was tun mit dem unbekannten Sohn, einem offenbar gestandenen Fernsehmann? Zunächst mal das entkabelte Gerät in Gang bringen und dann weitersehen.

Am Abend schaute ich dann doch wieder auf das Großbild draußen, als gäbe es auf diese Art etwas zu begreifen, als käme mir so das New Yorker Leben irgendwie entgegen – ein unsichtbares Augenpaar am Schiebefenster, voller halbeingestandener Sehnsucht nach Teilhabe, nach Menschen.

Vor ein paar Tagen, noch zuhause, war mir die Anzeige einer Agentur für Amerikareisen aufgefallen. Sie warb mit dem Foto einer einladend in der Hotelzimmertür verharrenden Blondine, dezent hereinlächend, im silbrig glänzenden Satin-Unterkleid, eine Champagnerflasche lässig am langen Arm, hinter der halboffenen Balkontür die nächtliche Kulisse mit dem erleuchteten Empire State Building. Auf den Sound und die womöglich sanft hereinwehende Brise wollte die Frau nicht verzichten – aber Irrtum, kein Champagner, ein Paar rote Pumps baumelte an ihrer Hand .... War's diese Art Phantasie? Ein Flashback, in Form einer wiederkehrenden Regression? Alter Traumtänzer, mit siebzig kannste dir leichtbekleidete Blondinen abschminken ... Niemand würde dir hier eine Tür öffnen ... so wie damals, wie Régine, Nights in White Satin ... Songs wie dieser hielten länger als eine Liebe ... nach ihrem Ende eher zufällig nochmal für mich allein im Hockeystadion von den Moody Blues gesungen ... in Salt Lake City, anno 72 ... tagsüber Salzseen, am Abend salzige Augen im Konzert ... Nein, weder damals dort noch hier und heute öffnete eine Frau die Tür, so wie Jahre später die noch kinderlose Nina, lange nach Régine, auch sie im seidig glänzenden Unterrock, ohne am Riemchen gehaltene Pumps, nur ein unscheinbares Plastiktütchen in der Hand. Tütchen mit weißem Pulver gab's in der Werbung bisher nicht, in mancher Erinnerung umso mehr.

Lange Zeit war eine meiner Wunschvorstellungen, wenigstens einmal im Leben mit einer Geliebten hierherzureisen, mit einer New-York-Novizin natürlich, ihre Schocks, ihre Verzückung mitzuerleben und auf leiblichen Dank für diese tolle Tour zu hoffen. Die Gelegenheit hätte über die Jahrzehnte mehrmals bestanden ... heute jedoch eine so blamable Idee wie die antike Reisewerbung mit der vielversprechenden Blondine. Aber wer wäre ganz frei von solchen Phantasien, von der berechnenden, parasitären Erotik, die das vermeintliche Flair dieser Stadt der Superlative wie ein *instant* Aphrodisiakum nutzen möchte, mit deren Energie der Sex-Appeal ganz locker aus der touristischen Hüfte käme – nein, in Wahrheit enthält das lokale Flair hier jede Menge neurotische Aufladungen, härteste, gegenläufige Reizbarkeiten, Kriechströme der Unsäglichkeit …

Städte haben ihre Momente … Altersgenossen, die zur rechten Zeit hier lebten, erinnern sich an diese Glanztage und Glanznächte, Manhattan als Fest der Sinne, als eine Anhäufung von Lustbarkeiten und Augenweiden, ein Blick, und Fremde erkannten sich en passant, alles konnte Vorspiel sein, wenn ein Augenpaar dem anderen mit schnellem Sehnsuchtsblick antwortete … Poesie in Motion am Nachmittag, später in den Clubs und Studios die ernsthafte Begegnung, die eine oder andere deutsche I-♥-NY-Frau kehrte von ihrer Exkursion schwanger zurück … vergiss Paris, der Zauber war hierhergezogen, in die Capitale westlicher Ideale und ihrer Webfehler, Ort der verlockenden Irritationen und prägenden Erlebnisse … Mitte, Ende der Siebziger, Anfang der Achtziger. Für die damaligen Stadtromantiker lächelte Manhattan in so mancher Sommernacht, wie im sommernächtlichen Freiluftkino heute noch zu sehen: Ein Paar auf einer Bank am Fluss, die untergehende Abendsonne, der Kamerablick auf die berühmte Brücke mit ihren Knochen aus Stahl, ein Tusch von Gershwin, ein Feuerwerk – Knie nieder, Gemeinde, das war einmal, das alte kuschelige New York. Es lebt nur noch im Auge ehemaliger Cinéasten.

Bereits vertraut mit dem sympathischen Ausblick, hatte ich am zweiten Morgen mittags im Spiel der Gedanken am Schreibtisch gesessen, als es mit der Romantik im Apartment 17 E der Silver Towers schon wieder vorbei war – schlagartig wurde klar, dass ich in einem Plattenbau übelster Sorte wohnte. Klaviermusik schoss hoch, hämmerte in meinen Luftraum, und das lauter als in jedem Konzertsaal. Eigentlich war es noch keine Musik, nur einige wenige Töne auf dem Weg dorthin, dieses Ram-ta-ta-ta-tatam, mit einem Mordsanschlag, ein schockierender Überfall. Nur die ersten Takte, die ersten sechzig bis neunzig Sekunden eines mir bekannt vorkommenden Stücks erklangen, sein Dutzende Male wiederholter Beginn, manchmal um weitere, improvisierende und bald versackende Takte verlängert, nach kurzem Innehalten hart und fulminant wieder von vorn gespielt. Nach der vierzigsten, fünfzigsten Wiederholung fiel mir endlich ein, welches Stück jemand dort anpeilte, klar, Prokofjew, Romeo und Julia … ein Hit des Genres … der berühmte Tanz der Ritter. Nach der ersten Übungsstunde, nach der etwas später folgenden zweiten, dritten und abendlichen vierten Session sah ich mich schon für Monate im härtesten Konzert meines Lebens sitzen. Was tun? Die Stiftung anrufen? Ausziehen? Die Bude für dreitausend Dollar weitervermieten? Hysterisch werden – am dritten Tag lief ich runter zur 16 E und beschimpfte das mitteljunge Ehepaar mit dem Vokabular eines alten amerikanischen Drecksacks … Ihr verfluchten, arroganten Yankees, brüllte ich, ihr denkt, ihr seid allein auf der Welt, ihr denkt, ihr seid die Größten, ihr martert eure ausländischen Gäste, fuck off with your fucking piano in your motherfucking apartment … Verwundert über mich selbst, pöbelte ich unbeherrscht im überraschend gekonnten Slang weiter, das Tourette-Englisch lief wie geschmiert, das bessere eher noch nicht. Das Paar stand perplex im Türrahmen, die zwölf-, dreizehnjährige Tochter umklammerte die Hüften der Eltern – our daughter geht auf ein serious conservatorium, you know, sie muss für ihre Prüfung üben. Verstehe, klar, fürs Volk gibt's Billig-Musikschulen und Internet-Klavierstunden, euer Töchterchen aber braucht ein serious Konservatorium, eine adäquate Ausbildung für ein weißes Kid in der Stadt der schönen Künste, fuck … Mittlerweile wurden diplomatische Noten gewechselt, Briefe addressiert von der 16 E an die 17 E und umgekehrt, ich entschuldigte mich, sie zeigten sich bei den Übungszeiten entgegenkommend.

Oben in der 18 E dieses Dozententurms, in dem auch längst entlassene Lehrkräfte für den Rest ihres Lebens hängenbleiben konnten, schabte etwa alle dreißig bis vierzig Minuten jemand mit seinen Stuhlbeinen übers Parkett, direkt über meinem Kopf. Der Schreibtisch dieses Geistesarbeiters stand hörbar an der gleichen Position im Raum wie meiner, linke Ecke vor den Fenstern. Sein in den Klavierpausen leise ins Parkett gekratzter Gedankenstrich erleichterte mich – ganz ohne Grund und gleich gefolgt vom spontanen Gedenken an eine alte Frau in Berlin, die mich Jahre zuvor in ihre Wohnung über meiner bat und sagte, wenn Sie mal unten einen lauten Bums hören, kommen Sie bitte hoch und schauen nach mir. Kurz danach verstarb sie, ohne Bums.

Die morgendlichen Klapprigkeiten dauerten immer länger – schon beim Aufwachen das unangenehme Gefühl, als wären mir über Nacht mehrere Organe entnommen worden. Ein nicht mehr unbekannter, als skandalös empfundener Gesamtzustand, der täglich aufs Neue eine mehr oder minder lange Phase stiller Empörung hervorrief, selbst wenn sich der Körper an den früheren Elan beim Aufstehen längst nicht mehr erinnern konnte. Es müssen gute Zeiten gewesen sein, als der

Selbstzerfall sich nicht schon beim Erwachen in den Denksport drängte … Oh glücklicher Fünfziger, oh du von den Elementen noch nicht ganz besiegter Sechziger … Aber mit weiteren zehn Jahren auf der Uhr wurde der Protest gegen die Misère zu einer ins Leere gegrummelten Anklage … und verpasste einem obendrein den Ruf, ein Hypochonder zu sein. Besser war's, neu auftretende Symptome erstmal auf eigene Faust im Netz zu erforschen, sich Unmengen schauerlichster Diagnosen abzuholen und auch nicht beirren zu lassen, wenn jemand sagte: ach, du alter Cyberchonder.

Es durfte also eine Weile darauf gewartet werden, bis sich die Glieder halbwegs zurechtruckelten und der Kaffee, die Pillen, der Wind auch den rheumatoiden Gelenkschmerz im linken Mittelfinger vertrieben – meinem vermaledeiten Schnappfinger, den die Ringband-Stenose manchmal unwillkürlich hochschnellen ließ, worauf ich ihn dann von außen mit der anderen Hand wieder einfahren musste. Als nächstes Menetekel drohte dann im Badezimmerspiegel halbblind die eigene Visage das Selbstvertrauen des Tages weiter abzubauen – Hey, alter Mann, geh diesem Typ besser aus dem Weg … der sieht aus, als hätte ihn George Condo portraitiert, der fürchterlichste Zähnemaler aller Zeiten, zuhaus' hier um die Ecke …

Abgestellt in New York, du alter Diesel, früher war dein Gesicht markant, das Haar voll, der Gang, dein Stand fest … Wenn dem nun nicht mehr so sein sollte, hast du eben alles schon erlebt, mehr gibt's nicht, gab's sowieso noch nie und hier erst recht nicht, in deinem Alter darfst du nach drei Uhr nachmittags gar nicht mehr auf die Straße … so jetlagig und desorientiert … wie in dem Traum vergangene Nacht, an dessen Inkubus ich noch knabberte … Es ging wohl um die Vorbereitung einer Kulturveranstaltung in Lima, zu der ich eingeladen war, doch schon am Abreise-Treffpunkt Zoologischer Garten gab es Probleme, Papiere vergessen, ich musste die Berliner Gruppe, die im Bus zum Flughafen fuhr, mit den von zuhause schnell geholten Ausweisen in öffentlichen Verkehrsmitteln wieder einholen … woraus sich eine Odyssee durch nie gesehene, vielleicht Berliner Randbezirke ergab, zu Fuß, mit der U-Bahn und schließlich im Taxi, zwischendurch noch eine kurze Pause in einer Kneipe, wo vier am Tresen aufgestöberte Kulturfunktionäre nach vier von mir spendierten, überschwappenden Tequilas griffen, diesen modisch braunen Zucker-Zitrone-Tequilas aus den Achtzigern … Danach verrutschte der zeitliche Ablauf, gegen Ende des Traums hastete ich durch eine nach besserem Potsdam aussehende Parkwohnanlage mit uniformierten Aufsehern, kräftigen Männern in der Kleidung von Wölflingen – zu denen ich als sieben-, achtjähriger Knabe auch gehörte, immer pfeifend und stolz mit Halstuch und der Pfadfinderlilie auf dem Hemdsärmel. Die Parkwächter wiesen mir den Weg zur gesuchten U-Bahn-Station namens »Fontanelle«, aber nur grob die Richtung, so dass erst eine Taxifahrt mich in Sehweite dieser U-Bahn-Station brachte, wegen Bauarbeiten jedoch nicht bis ganz dorthin. Über dem Eingang stand altdeutsch in Stein gemeißelt: »Fontanelle«, die granitene Front des Stationsgebäudes wirkte wie ein Mausoleum. Bellevue, Mendelssohn-Bartholdy, Fontanelle … Könnte es einen U-Bahnhof dieses Namens geben? Da steckte Fontane, Fontäne drin, ein gewisser Druck. Aber Fontanelle, die Fontanellen, diese gefährdeten Dünnstellen am Schädel von Kleinkindern, schon klar, und nichts gewonnen ... Vielleicht ging's um eine Subwaystation hier in Manhattan? Dann wär's ein Angsttraum, eine um Jahrzehnte verspätete Vatersorge – der Sohn als gefährdetes Baby. Die Bauarbeiten auf der Zufahrtsstraße, die ferne Unerreichbarkeit von Lima, die nahe Unerreichbarkeit von Fontanelle ... der Regisseur der Nacht hatte hier bedenklich tief gebohrt ...

In der Wachwelt wartete der nächste Schock, das mit zahllosen graublonden Haaren übersäte violette Kopfkissen, ein unschöner Kontrast ... Sie mussten einzeln aufgeklaubt werden, in einer ungewohnt beängstigenden Menge, als wäre mir nachts im Schlaf eine Chemotherapie verabreicht worden. Ungläubig bekuckte ich die Büschel, wie Cary Grant in North by Northwest, als er seinen Ausfall in der Hand hält und raunt: Igitt, wie eklig. Die versaute Luft hier griff als Erstes die widerstandsarmen Haarwuchszellen an, was binnen Wochen unweigerlich zur Kahlköpfigkeit führen musste. Ein weiterer Schritt auf dem Weg in die Zukunft, arbeits-, sex- und demnächst haarlos.

New York war wie eh und je ein Überfall aufs Gemüt, bei Sonnenschein losgegangen und bereits zwei Mal von asiatischen Schauern bis auf die Haut durchnässt, in einer bizarren Gegend voller zerbrochener, wie tote Krähen herumliegender Schirme. Im Starkregen schaute ich zwei Stunden lang auf die graue Fassade gegenüber, ein neusachlich mittelhohes Fünfziger-Jahre-Trumm, in der Mitte im selben steinernen Grau das Namensrelief: FORBES, der Ranglisten-FORBES, die Buchhalter der herrschenden Ungerechtigkeit, deren Datensätze künftigen Revolutionen gute Dienste leisten würden … in der nassen Gegenwart jedoch gerade kein Besucherverkehr.

Diese Regenstadt erwartete den Neuankömmling in den ersten Wochen mit obligaten Härten, Klima plus Dreckluft gleich Mega-Erkältung und Bronchitis. Trotzdem wurden exzessive Spaziergänge zur Sucht. Auch wegen der ständig ans Selbst gestellten Forderung nach Bewegung, den zwölftausend täglichen Schritten, eine weitsichtige Lebenserhaltungsregel, die aber permanente Wetterbeobachtung nötig machte … geh raus, sieht doch gut aus, ja, geh ruhig raus, der Himmel ist wieder blau, und ohne die langen Gänge schläft's sich schlecht – eine Senioren-Attitüde.

Leben Sie sich erstmal ein wenig hier ein, hatte die Stiftung im Begrüßungsbrief geschrieben, und dann würden wir uns freuen, wenn Sie bald mal bei uns im Büro vorbeischauen.

Bald? Morgen, übermorgen oder wann? Sich-Einleben ohne dringliche Aufgaben – und das bei manischer Betriebsamkeit ringsum? Die schon frühmorgens durch die Bleecker Street ziehenden Fußgänger verteilten sich in die Nebenstraßen mit deren etlichen Uni-Gebäuden oder steuerten auf die fünfzig, sechzig Meter entfernte Ecke vom Broadway zu, der sich auf dieser Höhe südwärts zu einem drei, vier Kilometer langen, hochkommerziellen Teilstück der Mainstream-Markenshops verdichtete. Dieses geballte Angebot fand das Interesse einer unablässig anschwellenden, die Bürgersteige überfüllenden Masse an Besuchern. Was war das – eine Invasion?

Touristen, erklärte mir Kol, der Doorman, ein bosnischer Schrank, der mit aller unbenötigten Energie im Kontrollsessel festsaß, sein kantiges Bruce-Willis-Gesicht trotzte dem Elendsleben im Heer des Wachpersonals, hundert Mal pro Schicht good morning, good night oder ein stummes Zunicken, nur schwach getröstet von der Perlenzählerei am permanent durch seine Finger rinnenden Komboloi. Anfangs war er der Einzige, der mit mir wenige, wie abgezählte Worte wechselte, ohne von seinen Monitoren aufzublicken … amerikanische Touristen, präzisierte er noch, keine New Yorker, aber vielleicht doch … wer konnte das wissen?

Okay, have a nice day … in der Menge der Schlenderkunden am Broadway, mit seinen Hunderten Fast-Fashion-Läden, wo ich mitlief als einer, der selbst ein alsbald ausgekucktes Keith-Haring-T-Shirt im Abstand von Tagen mehrmals aufsuchte, um es dann doch nicht zu kaufen … weniger aus Enttäuschung über das Zusammenwirken des Museums of Modern Art mit einer Klamottenkette … nein, die drinsteckenden fünf Prozent Viskose würde die Haut mir übelnehmen. Einmal mehr wurde dadurch auch seltsam klar, dass mein Kernselbst so gut wie nichts mehr brauchte. Die auf langen Durststrecken erzwungene und ideologisch gehärtete Konsumverweigerung bremste mich verlässlich aus. Ringsum kauften die jungen und mitteljungen Leute ihr Zeug mit gleichgültiger Miene, als handelte es sich um eine Pflicht, Shopping-Dienst nach Vorschrift. Ständig mit dem Aufruf zur Kaufentscheidung konfrontiert zu sein, störte sie offensichtlich nicht, auch wenn Gier oder Freude wie auf afrikanischen Märkten fehlten, alles hier war längst raus aus dem Reich der Notwendigkeiten, ewige Kür. Der Mangel an Charakter und Gefühl in den Gesichtern verschreckte, alle waren cool. Hier regierte der Surplus-Konsum, wie's die Ökonomen nennen, eine von jedermannfrau begriffene produktive Kapitalvernichtung … klar, es gab immer noch Luft nach oben. Wer würde nicht ein paar Hundert Dollar hinlegen, um sich von anderen zu unterscheiden, also der nächstdistinguierteren Klasse ähnlicher zu sehen … Die Rundumversorgten wurden durch das Kaufen jedenfalls kurzfristig ruhiggestellt, bis in der Spirale des Begehrens wieder ein neuer Reiz auftauchte. Die Gleichzeitigkeit von Autonomie und Fremdbestimmtheit schien ihnen nicht bewusst zu sein. Im Grunde brauchten sie nichts mehr, nichts Weiteres von Donna Karan, Hugo Boss oder Uniqlo – das machte Hoffnung, nur noch schlappe 2272 Tage bis zum beuysschen Ende des Kapitalismus …

Doch auch den bockigen Konsumverweigerer juckte gelegentlich der Kaufreiz, etwa bei den winzigen, wie Liebesperlen der fünfziger Jahre aussehenden Kopfschmerzpillen oder den Metalldöschen mit giftgrünem oder violettem Zucker von Dean & DeLuca, einem Souvenir-Highlight aus dem verdammt erfinderischen New York. Nicht leicht hier für einen Wissbegierigen, dem die verspiegelten Prestigetürme des Finanzdistrikts über den Kopf wuchsen, den er sich aus alter Gewohnheit ständig machte, der sich die Augen auskuckte und als Voyeurgott distanziert herumsoziologisieren musste, um dem schwerverdaulichen Zeichensalat nicht zu erliegen. »Some say, less is more« las ich an der Frontscheibe einer Bank, »but more to us is more«. Ein paar Schritte weiter hatte ein Juwelier auf sein Schaufenster geschrieben: »Um Luxus zu sehen, musst du näher herantreten.« So ging's beim Gehen.

Nach einigem Zaudern kaufte ich doch etwas, eine New York Times. Sich in die ungeheure Länge und Breite ihrer Artikel zu versenken, bedeutete den Abschied vom realen Erleben. Der Tag war gelaufen, der Abend auch – und mit ihm das in etlichen NYT-Rubriken ausführlich beschriebene Kulturprogramm, samt Food- und Veranstaltungstipps ... New York, ein Las Vegas der Kultur. Nach wenigen Tagen entstanden erste Zeitungshäufchen, einfach kein Durchkommen. Einfach too much, die große, unwiderstehliche Times, wahrscheinlich hinkten fast alle Leser hinterher – es brauchte zwei, drei Tage, diese Tageszeitung halbwegs zu bewältigen ... nichts Neues in New York ...

Umso erstaunlicher der Blick hinaus, die grün gefärbten, von Autofahrern unisono beachteten Radwege und die Masse der meist äußerst spritzigen, offenbar völlig angstfreien Radfahrer ... im Winter 80 hatte ich in Manhattan einen einzigen gesehen und ihm lange nachgeschaut ... ein todesmutiger Asphalt-Biker, der es mit unberechenbaren Fußgängern, Taxirudeln und Schlaglöchern aufnahm. Auf wunderbare

Weise hatten die Radfahrer den verkehrspolitischen Kampf nach Jahrzehnten gewonnen, zumindest in der unmittelbaren Nachbarschaft, wo die wilde Jagd auch nachts abging, unbekümmert und oft ohne Licht. Hunderte Fahrradkuriere bretterten im Premium Rush durch die Straßen, wer bremst, verliert. Auf Rädern transportierten ältere Asiatinnen im Viertel gesammelte Unmengen von Pfandflaschen, balancierten ihre von Planen und Seilen zusammengehaltene Fracht durch den Verkehr, als wären sie in einem anderen Land, mehrere Meter hochgetürmte Ballons, bunt schimmernde Seifenblasen der Nacht. Unter meinen Fenstern wurden sie in die wartenden Lkws kräftiger Chinesen gestopft, das Flaschenpfand von sechs, acht Cent blieb sicher nicht komplett bei diesen Frauen. Ein Spinner hatte sein Rad mit Dutzenden an Lenkstange und Rahmen befestigten Klingeln aufgerüstet, ein Schellenfetischist.

Alleinsein in dieser Stadt, das kannte ich – ein seelisch-mentaler Härtetest, eine Vorstufe für die spezielle, durch örtliche Betäubung verschärfte Form der Einsamkeit, die mich mit Millionen in Manhattan verband und weniger fremd machte. Einleben, okay, eine Woche, ein paar Blocks in der Nachbarschaft ankucken, die Regalstruktur des bis auf die Steaks und die gelungene Idaho-Kartoffel überteuerten Supermarkts begreifen, den Hunderter nahmen sie hier gar nicht an, beim Fuffi rief die Kassiererin Kontrolleure herbei, zu dritt befummelten und beschnupperten sie den Schein und schauten erst ihn und dann mich wie Falschgeld an … Mir fehlte das nötige Plastikgeld, um als Einheimischer durchzugehen, die Mitglieds-, Banken-, Kunden-, Freundschafts-Karten, die aufladbaren Metro- und Waschmaschinen-Karten.

Drei Cafés kamen infrage. Westwärts begann die Fifth Avenue als gehobene Wohngegend, in einem der ersten Apartmenthäuser lag das geschäftige und eher abzulehnende Le Pain Quotidien, alles strikt nach Chia-Vollkorn-Dinkel-Philosophie, hartes Brot – und aus Berlin sattsam bekannt. Ostwärts drei, vier Blocks hinein ins sympathischere East Village weckte The Bone etwas Hoffnung auf Kontakt, ein schlauchartiges Café mit raumhohen Fenstern, in dem die zumeist einzelnen Gäste in langer Reihe saßen, auf den ersten Blick allesamt Twentysomethings, auf den zweiten vermutlich Cisgender. Nur wenige männlich, umso mehr All American Girls, white ones, yellow, indian, coffee, allein am Tisch sitzende Frauen, deren Mütter ich unter Umständen vor dreißig Jahren im Prescotts oder Barnabas hätte kennenlernen können. Mein Bemühen, nicht unangenehm lang hinzukucken, fiel in der vorherrschenden Coolness gar nicht auf, das Alter löschte mich in den Augen dieser Gäste ohnehin. Jedes Anrucken, jede hinwendende Bewegung, jegliches Ansprechen wäre unangemessen. Bloß keine Mikro-Aggression begehen, dachte ich, they look so machtkritisch. Gäbe ich mich als Europäer, als Deutscher zu erkennen und fragte harmlos »Woher kommst du?«, könnten sensible Asia- und Afroamerikaner*innen das als unstatthafte Festlegung auf ihre äußerliche Andersartigkeit auffassen … Außerdem waren hier trotz Geschirrklappern und mittellauter Musik alle völlig auf den Ernst der Arbeit eingestimmt, ein Ort konsequent ungesprächiger Laptop-Dauernutzer, knochentrocken … und doch kein herzloses Lokal, man gestattete den hereinstolpernden Hardcore Bums der Gegend, sich zum Pinkeln und Säubern in die Toilettenschlange einzufädeln, es blieb Hoffnung.

Trotzdem besser zu Bruno's Bakery, auf der La Guardia vor meiner Haustür, das Publikum entsprach mir zumindest vom Alter her, überwiegend gestandene Ladies aus Manhattan, die hier ein Kuchenparadies erwartete. Vor ihrem finalen Verschwinden aus der Öffentlichkeit konnten sie nachmittäglich unter circa hundert exquisiten italo-amerikanischen Torten- und Törtchen-Kreationen wählen, ausgestellt in meterlangen Prachtvitrinen. Die Programmleiterin der Stiftung hatte mir per E-Mail Bruno's Bakery empfohlen und als Ort für unser Treffen vorgeschlagen – ihrem Zeitplan gemäß in etwa zweieinhalb Wochen, da blieb noch Zeit für Süßes. Mit dem Blick eines heimlichen Portraitisten versuchte ich, in den Gesichtern einiger dieser älteren Frauen etwas zu erkennen, und malte mir ihr Leben aus … natürlich naive und vergebliche Projektionen, gespeist von Gemälden, Fotos und Woody-Allen- oder Cassavetes-Filmen. Nicht einmal das Alter ließ sich bestimmen. Die gestrafften Gesichter wirkten jünger als die Gesamterscheinung der Person, nur die knöchrigen, von dunkelrot hervortretenden Adern durchzogenen Handrücken verrieten etwas … ja doch, Ninas Alter, so um die Mitte sechzig. Einen Moment lang dachte ich, so könnte im vorigen Jahrhundert die abstrakte Malerei entstanden sein, die Maler konnten die Empfindungen in den posierenden Gesichtern einfach nicht mehr deuten.

Mein Freund Dizzi fiel mir ein. Einmal in dieser Gegend gestrandet, hatte er seine in Deutschland geschätzte Malerei aufgegeben und war als Illustrator zum Tagelöhner geworden, sechzig, siebzig Dollar für eine stundenlang erarbeitete Zeichnung. Auf der Suche nach den früher bewohnten Räumen – walking in the past, was sonst – stand ich gestern vor dem Haus in der John Street, unserem gemeinsamen Quartier im Winter 80. Damals hatten uns die Klage-Wanderer fasziniert, die durch das Viertel spazierten und betrunken oder nüchtern ihre hallende Verzweiflung in die leeren Hochhausschluchten des Finanzdistrikts hineinschrien, manchmal im Schein der Laternen verharrten, um eventuell doch gesehen und nicht nur gehört zu werden. Der Jammer entsprang den immer gleichen Quellen, der verlorene Job, das verlorene Heim, die verlorene Frau – eine vielstrophige Suada, oft auch verspätete Ursachenforschung, die uns hoch oben im Fenster des 11. Stocks als genuiner Blues belustigte. Gut möglich, dass es sie zur John, Ecke Wallstreet zog, wegen einer vagen Erinnerung an gute Zeiten in der gegenüberliegenden Kneipe Blarney Stone, wo uns über den nassen Tresen etliche Biere entgegenschlitterten. Ganz altes New York, eine irische Kette, nach einem irischen Mythos benannt – der Blarney Stone verleiht denen, die ihn berühren, die Gabe der Eloquenz, der Wirt selbst übersetzte den Lokalnamen lakonisch mit »Zum dummen Gerede«. Mittlerweile residierte hier ein hochpreisiger Japaner.

Bei Bruno's setzte ich mich an einen der Tische draußen, um zu rauchen – und wünschte mir, die ältere Dame vom Nebentisch würde mich trotzdem anlächeln, sich vielleicht sogar über ihre Teetasse beugen und mir etwas anvertrauen … dass dies ihr vorerst letzter Tag hier sei, weil sie morgen wieder ins Krankenhaus müsse, da sie an Fibromyalgie litte oder, 'ne Nummer kleiner, an einer PNP, oh ja, hätte sie sagen können, schrecklich, but I tell you, it's a sick country … In so manchen Beinen und Gelenken unter Brunos Tischen nervten verhehlte Neuropathien … Oh I'am so sorry for you, auch ich war kürzlich zuhause in Börlinn in der Klinik, wo einer der Oberärzte erzählte, dass ihn im Urlaub amerikanische Kollegen nach seinem Verdienst in Good Old Germany gefragt hätten. 4000 Euro. Pro Patient? Nein, pro Monat. Oh really? Beim letzten Mal sei vom Krankenhaus eine Rechnung über zwanzigtausend Dollar gekommen, für eine Woche dort, doch ihr Anwalt hätte protestiert, und sie hätten dann eine neue Rechnung geschickt, diesmal über zehntausend … Dann nehmen Sie doch morgen Ihren Anwalt gleich mit in die Klinik … erst aber noch was aus der Vitrine.

Denkbar auch, dass sich ein Herr mit winzigem Stars & Stripes-Sticker am Revers aus dem Halbdunkel des Cafés löste, um sich draußen vor meinem Tisch lauthals Luft zu machen … Das Land geht unter, von wegen Obama, neunzig Prozent Idioten, Obama, diese Popfigur, seit Jahren seh' ich mir das an, seit dreißig Jahren bin ich durch all das hindurchgegangen, doch jetzt ist Schluss mit dem liberalen Getue, mein Freund, jetzt muss was anderes her, you know … Es gibt die Wissenden und es gibt die Unwissenden, so einfach ist das, my friend, eines Tages wirst du dich darüber freuen, dass du mir zuhören durftest … Ein Nachzügler der Tea-Party, könnte gut sein, oder Vorbote der Neo-Neo-Cons? Nichts Neues jedenfalls, die Dekadenz der Nordamerikaner war immer schon ein Zeichen ihrer Überlegenheit.

Eine Serie schriller Hahnenschreie übertönte alles andere, vom Blätterwerk verdeckt, hockte ein prächtiger Hahn in der Astgabel eines Baums in dem schmalen Garten auf der anderen Straßenseite. Einer der Brunos kam aus dem Café und forderte mich auf, sofort das Rauchen einzustellen. Wegen dem

Hahn oder warum? Hier draußen? Es ist ein Gesetz, sagte er. Rauchverbot im Freien? Endlich sprach jemand mit mir, erklärte mir ein lokales Gesetz. Ihm zufolge galt dieses nicht nur für den gastronomischen Außenbereich, sondern auch für alle Parks und die an deren Außenseiten stehenden Sitzbänke. Einmal mehr musste ich unter der Tischplatte den Rheumafinger wieder einfahren und wiederholte mehrmals laut: It's a law? – Dann ist dieses law eben ein fucking Scheißgesetz.

Dabei hielt ich das Rauchverbot eigentlich für ganz vernünftig. Trotzdem wollte ich nach diesem Zwischenfall schnell weg, weiter nach Chinatown. Nur eine Viertelstunde Fußweg entfernt, hatte sich der Stadtteil überraschend wenig verändert. Das Viertel um die Canal Street war mir von früher her vertraut, die Bewohner, ihre anspruchslose Kleidung, die nach außen gestülpten, prachtvoll überladenen Lebensmittelläden – sogar die Preise lagen rätselhafterweise noch auf dem Niveau der Achtziger, als Dizzi und ich fast täglich zum Billigessen herkamen. Die chinesischen Cafés boten grell gefärbte Fälschungen von Brunos euro-amerikanischem Kuchensortiment an, zu einem Drittel des Preises.

Morgens erwachte ich jetzt in Amerika, doch schon zur Lunch Hour war ich zurück in Deutschland – ein laues Echo des markigen Thomas-Mann-Worts: Wo ich bin, ist Deutschland. Denn mittags war der zeitverschobene Tag drüben schon gelaufen und ließ sich wie gewohnt im Netz nachklicken, die Online-Nachrichten der Zeitungen, der obligate Perlentaucher-Check und kicker.de hielten mich auf dem Stand der Dinge, bis hin zu Lokalereignissen … eines meiner Lieblingscafés in Schöneberg war über Nacht geschlossen worden … eine Schießerei aus einem fahrenden Auto hatte sich in der Hauptstraße ereignet, und das an einer Stelle, wo ich auf meinem Weg zur Bibliothek täglich zur selben Zeit vorbeikam … So verschränkten sich die Rituale des verlassenen Ortes mit denen des neuen, die Macht des Raums war durch das Netz geschmälert, die der Zeit dagegen nicht, eine Binse. Nur war meine Neugier auf Nachrichten aus Deutschland hier größer als dort, so dass die pro Tag verdaddelten zwei bis drei Stunden von der in New York verbrachten Zeit abzuziehen waren.

Mit Hilfe des Internets hatte ich auch die Suche nach Nina und Eno wiederaufgenommen. Soweit erkennbar, war der Stand derselbe wie vor Monaten. Nina erschien nach wie vor im Zusammenhang mit Immobilien, sei es auf Portalen, durch Grundbuchauszüge oder Maklernachrichten von Firmen im Westen, bei denen sie zum Management gehörte – in Ranchos De Taos, Boulder City und zwei, drei weiteren Orten mit historischem und touristischem Reiz, vermutlich ihr Geschäftsmodell. Unklar blieb, wo sie jetzt lebte. Vielleicht in einem der aufgeführten Apartmentkomplexe und nicht mehr unter ihrer alten Adresse in Atlanta? Telefonnummern der Firmen konnten erworben werden.

Bei Eno bot sich als erste Adresse sein New Yorker Arbeitgeber an, Bloomberg TV, bei dem Sender könnte ich einfach anrufen und – ja was überhaupt sagen? Hello, hier ist dein … also dein, ähh, Paps? Oder lieber im Ton hiesiger Zutraulichkeit: Hi Eno, this is your daddy speaking … Nein, auf keinen Fall, unzumutbar für einen, der im Büro ahnungslos zum Hörer greift, eine grobe Rücksichtslosigkeit gleich zu Beginn, immerhin wären das ja die allerersten Worte, die ein Kind bewusst von seinem Vater hörte. Oder sollte ich weiter ausholen und erzählen, dass ich aus Berlin, vielleicht auch aus Hamburg käme und vor langer Zeit seine Mutter gut gekannt hätte … die Nina, ja … Aber welche Worte wählen? Und in welcher Tonlage? Mit unsicherer, gar schuldbewusst gesenkter Stimme oder normal alltäglich, dabei zurückhaltend und leise? So oder so hätte Eno schon bei der Namensnennung sekundenschnell geschnallt, wer da am Apparat war. All diese Gedankenspiele um den eigenen Sohn, vor allem die eklige Schnüffelei im Netz, waren mir so zuwider, dass ich nicht mehr weiterwusste.

Für die Lösung des zugespitzten Problems brauchte es wahrscheinlich mehr Geduld … das geduldige Warten auf den Augenblick, in dem jemand für einen bereit ist – ein bei unserer Konstellation wenig tröstlicher, eher tragikomischer Gedanke. Von der kaum erreichbaren Mutter abgesehen, fehlte es uns an verbindenden Menschen, an einem mit der Geschichte lang Vertrauten … oder vor Ort zufällig kennengelernten Journalisten, womöglich Bloomberg-Journalisten, der unter dem Deckmantel der Kollegialität bei Eno vorfühlen könnte, ob er Kontakt wünschte oder eben nicht. Eine unrealistische Vorstellung, die wie andere innere Bewegungen fast zum Verschwinden gebracht wurde, solange ich meine ziellosen Wanderungen fortsetzte. Unterwegs im geschäftigen Leerlauf fiel es leicht, sich in der Menge zu verbergen und sein Sorgenpäckchen ziellos durch die Avenues zu tragen.

Nachmittags umrundete ich die unmittelbare Nachbarschaft – der Radius vergrößerte sich nur unwesentlich. Die Stadt schaffte es einmal mehr, mich so in ihren Bann zu ziehen, als wäre sie eigens für meine Art des Sehens errichtet worden. Die wechselnden Blickwinkel offenbarten alle paar Meter staunenswerte Ausschnitte und Details, nach wie vor faszinierende, auch befremdliche Ansichten … nicht nur die zweihundert Meter hohen Glasberge im südlichen Manhattan, die wie Klunker im Dekolleté der Stadt prangten, totgefilmt durch unzählige Überflüge, Durchflüge und Heli-Werbe-Flüge mit der High-Speed-Kamera. Auch zu ebener Erde glänzten viele Stellen wie aus Instagram in die Welt zurückkopiert. Wo war er hin, der schöne Kontrast zwischen Hybris und Verkommenheit, der in den siebziger, frühen achtziger Jahren den Charme der Stadt ausgemacht hatte? Zero Tolerance … sorry, so einfach kam ich aus dem Love/Hate-Modus nicht raus.

Weit besser gefiel mir die über zweihundert Jahre im Village angesammelte Substanz an Hochhausstummeln, flachen, angekratzten Wohn- oder Geschäftsgebäuden und den dazwischen eingeklemmten Häuschen, in denen Boutiquen, spezielle Dienstleister oder Schnellimbisse überlebt hatten und rätselhaft dekorierte Schaufenster das nahende Scheitern annoncierten. Die enorme bauliche Vielfalt machte den Nachmittagsspaziergang zu einem Marsch durch die europäische Architekturgeschichte und offenbarte zugleich den Einfallsreichtum, mit dem der amerikanische Geschäftswille jeglichen Raum nutzte. Diese Mischung brachte den alten Stein zum Blühen, was den nackten Wolkenkratzern völlig abging. Nach wie vor war die Stadt eine Orgie für Augenmenschen. Meine Straße, die Bleecker Street, sah aus wie ein waagerecht flachgewalztes Bergdorf, Cupcakes-Läden neben Designern … Luxusverslummung … Was kostet dieses Oberhemd, 600 Dollar, okay, danke. Der schnelle Wechsel der Eindrücke ließ wenig Ruhe. Es war Reality Zapping.

Seit zwei Wochen bereits lief dieses endlose Sightseeing. Eine Bilderflut, vom kalten Auge ins Hirn geschickt, in der Einsamkeit willkommen. Es fehlten Menschen – ohne sie, ohne wenigstens eine Person ging es nicht. Wie ehedem hatte ich mich vor der Abreise mit Telefonnummern versorgt, eigentlich nur zwei … Karla Berbaum war eine Bekannte, die sich mittlerweile verwirrenderweise Karla Karl Berbaum nannte, die letzten, undeutlichen Begegnungen mit ihr in Berlin lagen mehr als dreißig Jahre zurück. Weniger delikat schien ein Anruf bei Max, einem vorinformierten, drei, vier Jahre nicht gesehenen Freundesfreund. In seiner Galerie hieß es, er sei auf Europareise, doch in Kürze wieder erreichbar. Bei Karla hatte ich etwas Text und meine Nummer auf den AB gesprochen, doch weder sie noch Max ließen etwas von sich hören.

Nix Neues, dachte ich, die New Yorker war'n schon immer schwer erreichbar. Beim ersten Besuch anno 72, von Freunden gut mit Adressen ausgestattet, schaffte ich nur einen, mir unbekannten deutschen Fotografen zu einem Treffen zu bewegen. Er kam in Begleitung eines Strichers, den er unangenehmerweise mehrmals auf Deutsch als beschissenen Schwachkopf et cetera runtermachte, nur um herauszufinden, ob ich fremder blonder Junge auch schwul sei – nach zehn Minuten glaubte er Bescheid zu wissen und ließ mich im Restaurant sitzen, eines der Ereignisse, die nach drei Tagen zur überstürzten Flucht aus der Stadt führten … die damals eine andere war, okay. Durchaus möglich, dass sich irgendwelche Bekannte ohne mein Wissen gerade ebenfalls hier aufhielten, so wie damals, im bei Dizzi verbrachten Winter, als auf der Fifth Avenue in der wogenden Menge eine Monate zuvor im Streit verlassene Geliebte auftauchte, ein elektrisierender Augenblick, die blonde Päivi, eine finnische Monroe, beim vorweihnachtlichen Shoppen … Trotz meines Drängens reichte es dann nur zu einem nächtlichen Telefonat über hundert unüberwindliche Straßen hinweg, sad memories are made of this … Wenn alles fehlte, bügelte die Erinnerung das Manko aus, auch das bad end mit Päivi hatte einen unvergesslich schönen Anfang. Vielleicht irrte ich neuerdings bloß durch die falschen Straßen.

Den Brodway überqueren, danach die Bowery, wieder hinein in eine Straße, die mich vor Jahrzehnten schwer geschockt und jeglichen Glauben an die Überlegenheit Amerikas erschüttert hatte – eine heruntergekommene Stadt, vorher noch nie gesehene Szenen des Elends, Massen von zumeist geschwächten farbigen Männern, die in Lumpen auf dicken Pappen wohnten und auf den verängstigten Touristen zutaumelten … gimmi a change … das Motto jener Tage. Noch heute ließ sich der frühere Charakter der Bowery ahnen – anhand der aufgeregt debattierenden Leute in unmodischen Jeansklamotten vor dem Eingang eines großen Gebäudes, des städtischen Seemannsheims. Selbst hier am nördlichen Ende hatten sich mittlerweile Kunst und Kultur angesiedelt. Ein Museum, The New Museum, gehobene Fresskneipen, eine in Abgrenzung zum Kunsthandel so genannte Underground-Galerie, The Hole, und ein Poesie-Theater kamen auf den Merkzettel, wobei die nur montags bis donnerstags vortragenden Lyriker den kitschig dekorierten Saal am Wochenende dem Hauptmieter überlassen mussten, einer einträglicheren Burlesque-Dinner-Show.

Weiter auf der 2. Avenue, bis mich die Vergangenheit endgültig einholte … in der neunten, einer Straße mit dem berühmten Namen St. Mark's Place, eine Lieblingsgegend früherer Zeiten, als mein spätjugendlicher Glaube an die Möglichkeit einer subkulturellen Lebenswelt noch nicht völlig erschüttert war … St. Mark's Place, wenig verändert, kein Platz, eine Straße nur … sie brachte ganze Serien an Erinnerungen zurück, von den Besuchen in den Siebzigern, ein langer Zeittunnel der Daseinspräsenz, gerade dieses Straßenstück war von Bedeutung. Hier im East Village hatte sich eine der Keimzellen der Subkultur gebildet, die auch uns in Deutschland schwer beeindruckte, und das ohne genauere Kenntnisse des tatsächlichen Geschehens. Klar war nur, dass sich in diesem Viertel der Geist eines anderen Amerikas erhob und über den Atlantik wehte. Was hier erdacht und gemacht wurde, dachten und machten empfängliche Altersgenossen drüben mit einiger Verspätung ebenso, eine transatlantische Osmose oder Anverwandlung, gestützt von importierter Musik und der vagen Botschaft freierer Lebensformen. So entstand eine deutsche Subkultur amerikanischer Prägung, und wie andere Kulturen auch vermittelte sie Werte. Gegen den sonst latenten Antiamerikanismus wendete der hedonistische 68er-Flügel sich ihr zu, bloß weg von der eigenen, miesen Historie, den nur leicht verschleierten Naziblasen, die noch über den Wohnzimmertischen und Schulbänken schwebten, kaum jemand ließ sich länger vom mauen Kulturangebot quälen, dem Luggi-Waldleitner-Kitschkino, dem Gildo-Valente-Schlagerschmalz, der bleischweren Literatur und dem Erziehungstheater – My Generation bevorzugte amerikanisches Zeug, die Filme, die Comics, die Musik vor allem. Einige Jungs kauften sich Gitarren und Schallplatten, spielten nach Gehör die Töne nach und lernten Rock. Andere wie wir in Düsseldorf experimentierten mit Elektronik, Studenten begannen die Revolution in Schlips und Anzug, und alle zusammen zelebrierten einen vorläufig unumkehrbaren Kulturbruch.

Bei der ersten Amerikafahrt wollte ich mir wenigstens im Nachhinein die Ursprungsorte jener Bewegung ankucken, von der auch wir in diese Umlaufbahn geworfen worden waren. Allerdings war der anfängliche Veränderungssturm damals bereits vorüber. Der Staat hatte zurückgeschlagen, die Jugend das Viertel zu dem ihren gemacht und sich in aufgegebenen Gebäuden eingerichtet. Eine heterogene Bewegung probte in der Lower East Side die Abkehr vom gängigen Erwerbs- und Karrieredenken und gestaltete mitten im Land der Freien eine abgespeckte Version des amerikanischen Way of Life. Wo war das alles geblieben? Wo lebten die Träume dieser Zeit?

St. Mark's Place noch einmal – mehr als ein touristisches Déjà-vu, durch diese Straße zu laufen, eher eine Andachtsprozession ... Irgendwo hier hatte der legendäre Electric Circus gestanden, eine ehemalige Gewerbehalle, die Mitte der Sechziger zur ersten Location des entstehenden Undergrounds wurde, ein mir nur von alten Schwarzweiß-Filmschnipseln und Fotos bekannter Club, die Blaupause für das ekstatische Inferno aus Klang und Licht, für die stroboskopisch befeuerten, psychedelischen Diskotheken – wegen seiner technischen Erfindungen auch für unsere Ambitionen wegweisend. Als der Electric Circus längst in Trümmern lag, lernte ich seinen Ruinenhausmeister kennen ... Jörg, einen Ex-Berliner ... Vor allem erinnerte ich mich an einen Abend bei ihm, als sein Malerfreund Fatty völlig aufgelöst anrief, weil in seinem Atelier ein Feuer ausgebrochen war ... Er wohnte nur zwei Blocks entfernt, kein schöner Anblick, der Raum verrußt und gewässert, es kokelte noch hier und da, die Bilder waren bereits in Sicherheit, seine prächtige Dildo-Sammlung allerdings noch nicht – diverse Exemplare aus Silikon, Acryl, Holz und Wachs standen aufgereiht auf der Fensterbank, wertvolle Teile zwischen Kitsch und Kunst, darunter auch ein Exponat von Louise Bourgeois. Dienstfertig bargen die martialisch uniformierten Kerle vom New York Fire Departement Fattys gerade dahinschmelzende Dildos, reihum griff sich jeder aus dem Löschtrupp eines der kostbaren Stücke und bugsierte es behutsam durch den Kokeldampf ins Freie – eine unbezahlbare Performance. Jörg umarmte den erleichterten

Fatty, Glück im Unglück. Vor diesem Gebäude wären ein paar Blumen niederzulegen gewesen, hätte ich bloß gewusst, wo es genau gestanden hatte.

Diese Zeitsprünge machten konfus. Gedankenschwer spazierte ich die Straße hinauf und hinunter, um mich herum gemischte Gruppen auf Klassenfahrt. Der Mythos der Gegend um den Tompkins Square spukte auch in ihren Köpfen. Was sie gelesen, von ihren Eltern oder älteren Popstars gehört hatten, zog sie her, und nach und nach passten manche der Gebäude auch zu meinen Erinnerungen. »Der Ukrainer« war immer noch da, ein Billigrestaurant mit rauchgeschwärzten Holzwänden … Der illegale Thai-Imbiss, in dem Dizzi und ich oft zusammengezwängt bei Wasser und Reis gesessen hatten, war dagegen nicht mehr auffindbar … Das ebenso oft besuchte Kino erkannte ich erst auf den zweiten, dritten Blick – einst Domizil der Film-Makers' Cooperative von Jonas Mekas, wo jeder unter die Sessel überwölbenden, kapselartigen Hauben saß, ein ultimativer Ort für absolut störungsfreies, konzentriertes Filmschauen ohne Popcorn … und ein besonderer Thrill, hier den Warhol-Film Chelsea Girls zu sehen, während man gerade selbst im Chelsea Hotel logierte … Von mäandernden Erinnerungen beherrscht, wanderte ich in der verschwundenen Landschaft neben scheinbar erinnerungslosen Kids herum, ein Flaneur aus der Vorzeit, im Mund noch neun eigene Zähne.

Und wo eigentlich steckten die einheimischen Leidens- und Altersgenossen? Und die kleineren Kids? Nirgends zu sehen – weder sie noch alte Leute, auch keine Behinderten, daher auch keine Rollatoren oder Rollstühle, die mit dem allgemeinen Tempo ohnehin kaum hätten mithalten können. Streng blickender Nachwuchs wurde in SUVs zu über Tag und Stadt verteilten Terminen kutschiert. Senioren ab sechzig mieden die Straßen nach fünfzehn Uhr ... als gäb's für sie ein Spazierverbot, als wären sie Stimmungskiller, die die Schaufenster verschatteten ... eine gerontophobe Stadt, dämmerte mir, wenn du hier alt bist, fühlt es sich an, als wärst du schmutzig. Dieses Village war nur zum Ankucken da, zum Mutmaßen, was sich einst in seinen innersten Zirkeln abspielte, und zum Einkaufen ... Einkaufen in seinen Einkaufsstraßen, um mit den neu erworbenen Klamotten irgendwohin zu gehen, wo andere in etwa das Gleiche trugen, falls sie das Zeugs nicht schon weggeworfen hatten ... Shoppen und Angst, sagte Marilyn Manson der Presse, daraus besteht Amerika.

Der Strom der Überlegungen ebbte unvermittelt ab, ein Bedürfnis tauchte aus der Tiefe des Körpers auf, eine schnellere Gangart wurde nötig ... Schluss mit den Rückblicken, dem Fluss ohne Wiederkehr ... die mit überfallartiger Dringlichkeit fordernde Blase schmälerte jedes noch so fragwürdige Vergnügen. Ein qualvoller Countdown setzte ein, der Toilettengang, ein lokales Mysterium und Hindernisrennen für die älteren Söhne der Stadt. Unmöglich, jedes Mal mit zusammengebissenen Zähnen ein Restaurant aufzusuchen und vier Dollar für 'nen Kaffee hinzulegen, der den Urindruck noch erhöhte. Es blieben öffentliche Parks. Doch »Restrooms« gab es dort nur ab einer bestimmten Größe, die mir so unklar blieb wie die meist viel zu frühen Schließzeiten. Zuhause in Berlin verfügte ich über einen soliden Prostatiker-Atlas, einen cityweiten Netzplan der Erleichterung in Bankfilialen, Buschwerken und Bibliotheken. Doch hier war die Lage härter, geradezu unterzivilisiert. Wegen der unzugänglichen Gebäude und Grünflächen wuchs die Not mit jedem Schritt, nicht zum Aushalten. Ein System müsste her, eine Hilfestellung … vielleicht mit einem mobilen Abtritt, wie im Mittelalter gängig, im städtischen Gewusel herumziehende Toilettenmänner, die ihre Kunden mit zeltartigen, die Verrichtung verbergenden Tüchern umhüllten. In höchster Eile und noch weit entfernt vom stets verstopften und in großflächigen Lachen überfließenden Pissbecken im Tompkins Square Park kam mir die Idee, den Prostatiker-Atlas für New York zu verfassen, eine brauchbare List of Convenience … zu spät für jetzt, aber in Zukunft umso sinnvoller …

Nur wenig später belehrte mich die Stadt in Sachen Marktlückenfüllung, und das ausgerechnet im St. Mark's-Bookshop, der einst die umsturzbereite Jugend mit linker bis linksradikaler Literatur versorgte. Die Regale halbleer, das Ende des Ladens schon besiegelt. Auf Plakaten und Flugblättern wurde zu Spenden und Buchkäufen aufgefordert. Beim Stöbern in den Restbeständen geriet mir ein kleines Buch in die Hand, der »15 Point Guide to Peeing in the City« … it's tough to find a public restroom, but who says, you need one … Autor ein Ray Tempus, sicher ein Nom de Toilette … Er empfahl, sich in die Büsche zu schlagen oder zwischen den Stoßstangen parkender Autos hinzuhocken.

Der weitere Weg führte zurück an den Dutzenden Läden und Headshops auf der St. Mark's Place vorbei. Kundenfreundliche, wie bei Juwelieren ausgeleuchtete Geschäfte, in deren Schaufenstern und gläsernen Vitrinen Unmengen unterschiedlicher Chillums, Pfeifchen mit Drachenköpfen, versilberte Halte-Clips für Joints, Speckstein-Buddhas und vieles mehr lagen – die Utensilien einer offenbar verkaufsträchtigen Kiffer-Folklore. Im fokussierten Licht der LED-Spots sahen sie aus wie Souvenirs, Mitbringsel von einer Reise in weit entfernte Länder, noch dazu alles »on sale«, wie die Rabatt-Plakate in den Fenstern warben.

Zuhause, geschafft vom Fußmarathon, das obligate TV-Dinner mit Steak und Braunschweiger Wolters Pils, Sonderangebot von unten aus dem Supermarkt – Doorman Boris hatte leicht widerstrebend den winzigen Fernseher wiederbelebt. Die großen Networks inakzeptabel, dazu ein halbes Dutzend asiatische Dauer-Rummel-Sender, schreiend bunt wie die Kuchen-Fakes in Chinatown, und ebenso viele aus Mexiko, deren supergestylte Luxusproduktwerbung mit dem Land, wie ich es kannte, sehr wenig zu tun hatte. Wirklich sehen wollte ich nur die David Letterman Show, der Mann sprach verständliches Amerikanisch. Sie begann Punkt elf mit dem elegant langgezogenen Flug durch die Wolkenkratzerschluchten von Manhattans präpotentem Panorama, eine gleißend erleuchtete Luftnummer, die im Eingang des Ed Sullivan Theatre endete, Schnitt, Ansage, Tusch, minutenlanges Publikumsgejohle. Letterman erschien, im dunklen Anzug, mit Schlips und Brille, ein Komödiant in althergebrachter Business-Uniform, der sich hinter seinen Schreibtisch klemmte. Während ich den Nachtisch schlabberte, kabbelte er sich mit seinem Talk-Gast, einem mir nicht gleich präsenten Mann mit gelblicher, luftig über der Stirn drapierter Halbstarkenfrisur, die entfernt an die klebrige Matte der Leningrad Cowboys erinnerte. Auf sie bezog sich Lettermans erste Frage: Ein Toupet? Nein, sagte der Mann, eigenes Haar – darauf der Talkmaster: Jetzt weiß ich immer noch nicht, was das da oben ist. Dieser verwunderliche Herr passte nicht in die Reihe der hier allabendlich empfangenen, world- oder nationwide beliebten Größen aus dem Musik-, Show- oder Filmgeschäft. Laut Nameinblendung hieß er Donald Trump, offenbar ein prominenter New Yorker Hochhausdealer – good buildings, näselte er, great buildings. Beim nächsten Thema, China, bewies er unangenehme Meinungsstärke … Er hätte ja nichts gegen China, nur, dass deren Führer so viel kleiner als die unsrigen seien, das Handelsproblem wäre jedoch leicht in den Griff zu kriegen. Letterman zeigte ihm zwei Schlipse und fragte, woher die wohl stammten. Erneut wusste der Gast Bescheid, american ties. Nein, aus China. Großes Gelächter, die Gelbhaubitze zog ein Schmollmündchen. Danach erinnerte Letterman an die traditionell mafiös-kriminelle Geschichte New Yorks und fragte kurz nach: Haben auch Sie Verbindung zum organisierten Verbrechen? Nein, meinte der Talkgast mit steinerner Miene, davon müsste man sich fernhalten.

Dolle Sendung, dachte ich, stellte den Teller ab und bog den steifgewordenen Rheumafinger wieder ein. Ein dampfplaudernder Milliardär wurde zur Primetime mal eben hochgenommen, ein Lehrstück für die Schizzo-Nation … und es war noch nicht vorbei, mittlerweile ging es um einen weiteren Milliardärs-Donald. Seit Wochen bereits gab's reichlich Medienhype um den Besitzer des Basketballteams L. A. Lakers – good players, so der Gelbschopf, great players –, die fremdgehende Geliebte des viel älteren Team-Eigners hatte ein Telefonat der beiden mitgeschnitten und so für den Skandal des Sommers gesorgt. You can sleep with black people, you can bring them in, you can do whatever you want, beschied er seine Freundin, aber du darfst sie niemals zu den Basketballspielen in meine Halle mitbringen – woraufhin ein antirassistischer Shit-Tsunami über ihn hereingebrochen war. I know him, sagte der New Yorker Donald, great guy, er kann das verlangen, ist schließlich sein Club. Und Letterman erklärte den Millionen CBS-Zuschauern: Wer sowas sagt, ist selber ein Rassist.

Anderntags verlangte der beleidigte New Yorker Gast über die Medien eine Entschuldigung. David Letterman eröffnete die nächste Sendung mit den Worten: Ich bin um eine Entschuldigung gebeten worden. Nun, hier ist sie: Donald Trump ist kein Rassist, er ist viel, viel mehr als das. Tusch. Wir sind gleich zurück mit phantastischen Gästen. Musik. Werbung.

Noch schlimmer traf es später nur den Lakers-Donald. Die nationale Liga-Kommission zwang ihn, seinen Club wegen Regelverstoßes zu verkaufen. Für die einst eingesetzten vierzig Millionen sollte er nun zweieinhalb Milliarden kriegen.

Endlich eine vielversprechende Verabredung – der zurückgekehrte Max hatte am Telefon ein Treffen in Marinelli's Pastabar vorgeschlagen, 19th West, Ecke 9. Avenue, nahe seiner Galerie im Chelsea-Viertel. Er wäre erst seit kurzem dort, wie ein Bundesligaspieler von einem kleineren Laden abgeworben, und nun einer von sechs Direktoren, die Arbeit, die Gespräche über Kunst liefen von morgens neun bis abends um sieben … Verstehe, hatte ich gesagt, auch ich stünde hier im künstlerischen Dauerdialog, zum ersten Mal Bewohner eines Hauses mit echtem Picasso im Hof, einer zehn Meter hohen, schmal geschnittenen Betonscheibe mit dem unverkennbaren Portrait seines Lieblingsmodels Sylvette … Nee, bloß nach Picassos Entwurf, kam es prompt zurück, diese New Yorker Sylvette von fremder Hand hätte dem Meister später sehr missfallen.

Max bedankte sich noch für das vor Monaten vorausgeschickte Buch, meine Radio-Portraits aus Alt-Berliner Zeiten. Eine Figur darin interessierte ihn besonders, ein Maler, der Mitte der Siebziger nach New York gegangen war und sich dort als Zeitungs-Illustrator durchgeschlagen hatte. Gab es dafür ein reales Vorbild, hatte Max gefragt … wenn ja, was macht der Mann heute … und wie heißt er richtig?

Dizzi. Max interessierte sich für meinen alten Freund Dizzi Zimmer. Der Direktor einer bedeutenden Galerie wollte mehr erfahren über ihn, der vor Jahren gestorben war. Als Maler in

Amerika ohne Resonanz geblieben, bescherte ihm das Schicksal jetzt womöglich die gemeine Pointe, posthum groß herauszukommen. Dreißig Jahre früher hätte ihn so eine Galeristenanfrage nach vorne gebracht und sein Lieblingsproblem behoben, die von ihm selbstkritisch bemängelte, unter der Hoffnungslosigkeit leidende »Arbeitsdizziplin«, die Nacht für Nacht unter den Tisch fiel und in Bierlachen versickerte.

Mensch, Dizzi, war ein verdammt strenger Winter, den wir damals zusammen verbrachten, in einem halb verwaisten Versicherungsgebäude, bis zum siebten Stock noch Mini-Firmen wie Uhrmacher, Anwälte und Makler, vom siebten bis zum fünfzehnten sesshaft gewordene Hippies, Künstlerkandidaten, Maler, ein gewisser Peter von der aufgelösten Rockband Henry Cow, der oft betonte, nur unter einer Krankheit zu leiden, I just want to fuck everybody ... Samstagabends scharte man sich im 15. um einen sonst versteckten Fernseher und kuckte die neue Folge von Saturday Night Live mit den Blues Brothers. Jeder wohnte in einem der vielen kleinen Bürozimmer, wo früher je ein Sachbearbeiter Policen durchgeackert und sich zum Feierabend in dem winzigen Waschbecken die Hände reingewaschen hatte. Zum Essen gingen wir rüber in die Wallstreet-Imbisse, mischten uns unter die Banker, die dort mit ihren Samsonite-Aktenkoffern zwischen den Beinen in gerader Reihe standen und Pastrami-Sandwiches kauten. Zu der Zeit war New York am Arsch. Das Image schien, wenn überhaupt, nur durch die Subkultur zu retten.

Stets Punkt Mitternacht ließ Dizzi den Zeichenstift schwungvoll auf die Schreibtischplatte fallen, nachdem er stundenlang konzentriert an einem Blatt gearbeitet hatte und erst in den letzten Minuten unruhiger geworden war. Während er zeichnete, hörten wir einen Sender aus New Jersey, der DJ wohnte hier im Haus, als Einziger weit und breit mit seiner Freundin, einer Farbigen, die wegen dieser Liebschaft von ihrer Familie verstoßen worden war. Manchmal las ich zum Zeitvertreib auch eine Story von Donald Barthelme vor, dem Easy Writer von New York. Dizzi wusste, warum er den Killing Point so weit wie möglich hinausschob, bis Mitternacht eben. Dann liefen wir los, gingen ins Puffy's oder Prescott oder umgekehrt, und wenn ich vom Toilettengang zurückkehrte, standen vor Dizzi auf dem Tresen sechs hübsch aufgereihte, bereits geleerte Sliwowitz-Gläser, wohl bekomm's. Damit begann mein Einsatz, der eben noch engelssanfte Freund war zum grimmigen Krakeeler mutiert, verfluchte die ihn ausbeutenden Zeitungsverlage, die Galeristen in Tribeca, den allabendlich am Tresen stehenden Eisenbieger Richard Serra, den zu knapp einschenkenden Barkeeper, der seinerseits lautstark mit Rauswurf drohte. Für eine Runde ließ sich das noch aufschieben, danach mussten wir weichen. War'n keine leichten Soho-Nächte, die Aus- und Rausflüge mit Dizzi, zu oft entglitt uns alles.

Das Marinelli's wäre mir unter den Hunderten Lokalen an der Gehstrecke kaum aufgefallen – ein paar alibihafte Tische vor der Tür, innen der solide Stil einer American Bar, viel gebeiztes Holz, schwere Ledergarnituren, Tiffany-Lampen, mäßig belebt. Gelegen an einem unspektakulären Abschnitt der 9. Avenue, interessant nur durch die auf ihn zulaufenden Straßen 19, 20, 23 West et cetera – da residierten etliche namhafte und auch weniger bekannte Galerien. Von dort schlenderte Max inmitten einer Gruppe von Leuten heran, ein aufgekratzter Feierabendtrupp, der geschlossen auf das Lokal zustrebte. Er sah unverändert aus, vielleicht etwas schlanker, gestraffter, okay, nach vier Jahren New York, und trug, wie zuletzt in Berlin, ein schlichtgraues Jackett, mehr Büro als Galerie. Voller Neugier fragte ich mich, wie es ihm hier gehen mochte, wie er mit der Monsterstadt zurechtkam, was er empfand, wenn er jemandem ein paar hunderttausend Dollar oder mehr vom Konto zog, bei seinem Berliner Job waren die Beträge um zwei, drei Nullen kürzer. Aber solch Fragerei hatte etwas Obszönes, besser zwischen den Zeilen raushören, wie es um ihn stand. Marinelli's ist unser regular Hang-out, sagte Max bei der Begrüßung, nach Dienst kommen die Gallery People hier bei ein paar Bier runter, früh um neun geht's los, wir arbeiten zehn, zwölf Stunden, und am nächsten Tag beginnt die Chose wieder von vorn, alle sind im selben Rausch ... Ein knallharter Job also, hätte ich mir denken können ...

Lange nicht gesehen, klar – ein paar Neuigkeiten gingen hin und her. Wir redeten kurz über unsere Wohnungen, seine in Brooklyn Heights, gute Gegend, bedauerten das Unglück unseres gemeinsamen Freundes Paul, der einstige Superoptimist litt an einer unheilbaren Krankheit.

– Stell dir das vor, mit nicht mal vierzig halbseitig gelähmt ans Haus gefesselt ... Er, als mittlerweile selbstinkarnierter Indianer, telefoniert mit mir, einem ignoranten Arschloch ... Zwei dünn verschleierte Einsamkeiten prallen aufeinander, eine Viertelstunde himmelschreiende, das Wesentliche aussparende Irrsinns-Dialoge ... und später schickt der grüne Häuptling mir ein Dutzend blumige SMS hinterher, durch das Telefonat aus der Bahn seiner Selbstsuggestion geraten, die ihn immer wieder sagen lässt, alles sei klar fokussiert –

– Scheiß-MS, furchtbar, nichts zu … ja, was kann man da machen …

Ständig unterbrach jemand unser Gespräch, Max war bei seinen feierabendlich herumwirbelnden Kollegen offenbar beliebt. Wie in einem deutschen Stammlokal wurde er mit Scherzworten begrüßt, die New Yorker schienen süchtig nach schlagfertigem Schnell-Talk, ihre bevorzugte, oft einzige Umgangsform. Einige stellte er mir vor, bei zwei Namen stutzte ich – etwa ein Spross dieses britischen Flugliniengründers? – etwa ein Sohn dieses Hollywood-Schauspielers? Ja, unsere Promi-Kids, erklärte Max, ihr guter Name stimme zaudernde Sammlerehepaare bei neuen Vorschlägen gewogener, andere Direktoren verfügten dagegen eher über Geschäftswissen, doch das Entscheidende bei dem Job wäre halt die soziale Kompetenz … aber komm, snap out of it. Okay, dachte ich, besser keine weiteren Einzelheiten.

– Und was machst du hier eigentlich?

– Ich bin eingeladen … von einer Stiftung, die mich allerdings links liegenlässt … das lässt mir Zeit, nach meinem Sohn zu suchen, den ich gar nicht kenne –

– Seit wann hast du denn einen Sohn?

– Schon über dreißig Jahre, er ist Amerikaner …

– Ein Ami? Wie denn das?

– Keine Ahnung, durch die Heirat seiner Mutter …

– Und warum suchst du ihn erst jetzt?

– Ja, warum, warum …

Ich versuchte, ihm die Geschichte mit wenigen Worten zu erklären, auch meine Gründe für die verspätete Suche.

– Wenn er nur irgendwas Interessantes macht, erwiderte Max, findest du ihn gleich im Netz.

– Ja klar, das weiß ich …

Aber darum ginge es eben nicht, mit der Vergangenheit konfrontiert zu werden, wär' halt problematisch … und die Sorge vor einer möglichen Begegnung mit ihm nicht die kleinste …

– Okay, lass uns was essen, sagte er.

Er bestellte zwei Portionen Sliders, das übliche Martinelli's Bar Food, sechs pralinengroße Mini-Burger. Morgen hätte er einen schweren Tag, ein Neukunde.

– Der nächste Wallstreet-Jongleur?

– Nein, nein, jetzt fangen die Techies an zu sammeln, die altgewordenen Giant Teenager aus dem Silicon Valley kaufen neuerdings Kunst wie verrückt. Der Typ, der für morgen Vormittag angemeldet ist, kommt aus Menlo Park –

– Menlo Park … was für ein schöner Name für eine Stadt … Menlo Park, das hat Klang, traumhaft … die Avenuen, die Palmen, die Lichter von Menlo Park …

– Na ja, da sitzt halt Facebook.

Aus den Archiven spezieller Kunstportale hatte Max erste Infos über Dizzi eingeholt. Besonders begeisterten ihn einige Schwarzweiß-Zeichnungen und dali-bunte Acryl-Gemälde wie das Arche-Noah-Bild, auf dem Tier- und Menschenpaare aller Erdteile gemeinsam in den Bauch des rettenden Schiffs trotten. Ebenso gefiel ihm die 1979 entstandene Fotocollage der beiden Welthandelstürme, die unter silbernen, aus dem Himmel fliegenden Pfeilgeschossen in sich zusammensacken.

– Höhere Naivität, geradezu visionär, meinte er.

– Eine hartlinke Kritik an seinem Gastland, vor allem am Finanzdistrikt hier nebenan, hielt ich dagegen.

Trotzdem freute mich Max' Interesse. Wenn meine sonstigen Bemühungen hier erfolglos bleiben sollten, würde ich wenigstens für einen alten Freund etwas Gutes getan haben.

– Okay, meinte Max, wir brauchen über Dizzi natürlich so viel Material wie möglich –

So angestachelt kam ich ins Erzählen, Dizzi hatte damals einen Freund, einen Malerkumpel, Jörg, ähnlich getrieben, ein blonder deutscher Hüne, und so waren wir meist als Trio unterwegs. Damals lebte dieser Jörg schon seit zehn, zwölf Jahren illegal in New York und hütete die Brandruine des Electric Circus, gegen Wohnrecht. Beide waren ständig unter Druck wegen der fehlenden Green Card, doch Jörg war der noch verrücktere Hund, der ohne Hemmung durch die Stadt geisterte, uns in den Musiktempel CBGBs, den newwavigen Mudd-Club und die After-Hour-Kneipen schleppte, wo die Nachtschwärmer einen kommunikativen Härtetest durchzogen und sich gegenseitig anmachten. Eines Abends hatte Jörg uns mit seinem neuen Auto überrascht, einem älteren Mustang, »eben geschossen«, für schlappe tausend Dollar. Schwarze Wolken hingen über Manhattan, eine menschenleere, expressionistische Regennacht, in der er mit beängstigend überhöhtem Tempo durch eine abschüssige Avenue düste, angesoffen und stolz auf die Karre, die ins Schleudern geriet, sich um die eigene Achse drehte, vollspeed in die falsche Richtung der Einbahnstraße weiterraste und erst vor der Front eines aufheulenden Streifenwagens zum Halten kam. Natürlich hatte Jörg keinerlei Papiere von sich oder dem Mustang in der Tasche. Alles vorbei, dachte ich. Doch Jörg verwickelte die Beamten in einen Smalltalk übers Wetter, furchtbare Nacht, verdammt nass und spiegelglatt, nicht wahr, oh Mannomann – bis ihm die Sheriffs lachend gute Fahrt wünschten. Soweit ich mich erinnerte, besuchten wir anschließend Jörgs Freundin Deborah, die in einer Bar kellnerte. Schon im Eingangsbereich gerieten sie in Streit, schrien sich minutenlang an, bis Jörg den Wortwechsel mit einer Ohrfeige beendete. Die Biergläser auf Deborahs Tablett schwappten über. Ohne weitere Reaktion wandte sie sich vollkommen gelassen wieder ihren Gästen zu. Entsetzt fragte ich Jörg, warum hast du das gemacht? Ich weiß es nicht, sagte er, aber sie weiß es. Wie ich viel später erfuhr, heirateten die beiden kurz danach und verbrachten fünfundzwanzig gemeinsame Jahre, bis er an den Folgen eines Kellertreppensturzes starb.

Mehr noch verwunderte mich damals aber seine Malerei. Eines Nachts waren wir in die 58. Straße gefahren, wo ihn das Komitee der Indianischen Gemeinde von Manhattan erwartete. Dort säßen seine, wie er sagte, wahren Brüder … im verqualmten Hinterzimmer einer Kneipe an langen Tischen, mit den rotbraun getönten Gesichtern ihrer Vorfahren, die nachtblauen Mäntel nicht abgelegt, die schwarzen Hüte aufbehalten. Der Deutsche hatte sie mit seinen Bildern begeistert – allesamt indianische Motive im Großformat, Darstellungen von Kampfszenen zu Pferde, Portraits von Geronimo und anderen Häuptlingen, gemalt im Stil der Indianerfilm-Plakate und Karl-May-Buchumschläge unserer Kindheit. Prompt berief ihn das Komitee zum offiziellen Gestalter aller künftigen Broschüren und Einladungen für die Veranstaltungen der Indian Association of Manhattan.

Ja, der Jörg, ein blonder Apache im Überlebenskampf, an Sylvester war er mit drei Begleiterinnen aufgetaucht, in der Hand eine Liste mit fünfzehn Adressen für die New Year Party.

Fünfzehn Mal klingelten wir hoffnungsfroh, fünfzehn Mal wurde die Tür geöffnet und fünfzehn Mal nach kurzem Prüfblick kommentarlos wieder zugemacht, der momentweise herausgeplatzte Partylärm erstarb, und wir standen kleinlaut im Flur. Nach einem Haufen Fahrerei sahen wir dann doch von irgendwo ganz oben auf das Feuerwerk herab … und am Ende der Nacht landete ich in der Sechzehn-Zimmer-Wohnung einer geschiedenen Honky Tonk Woman, die mir allerdings gleich beim Betreten aus den Augen geriet. Ihr labyrinthisches Heim erschwerte die Orientierung, mit normalen oder auch nur einseitig zu öffnenden Türen, aneinandergereiht in zwei ringförmig angelegten Fluren, einem äußeren und einem inneren, wo wir uns offenbar eine Weile in entgegengesetzten Umlaufbahnen aneinander vorbeibewegten. Ich überlegte schon, zum Doorman runterzufahren, um ihn nach dem Plan der Wohnung und dem möglichen Verbleib der Mieterin zu fragen, als ich die mir schon etwas fremder gewordene Frau in einem der hinteren Zimmer entdeckte. Für die sehr ungewöhnliche Sache, die sie dort für unser Tête-à-Tête vorsah, war ich dann aber nicht der Richtige.

Warum erzählte ich Max das alles? Als narzisstischen Beweis, einst auch auf der wilden Seite gewesen zu sein? Dabei war ich damals wie heute eher teilnehmender Beobachter, die Motoren waren andere. In den von ihnen beackerten Ort zurückgekehrt, konnte ich Dizzi und Jörg nur nachtrauern, dankbarer als zu ihren Lebzeiten.

Eines Nachmittags waren Dizzi und ich die John Street hinuntergeschlendert, in Richtung des nur zehn Minuten entfernten World Trade Centers, im Sockel der Türme gab es Läden mit Büchern und Schallplatten. Auf dem nicht allzu belebten Weg, im Winter 80 noch ohne Massentourismus, unterhielten wir uns heftig angeregt wie meistens. Ein kleiner, unmittelbar vor uns gehender Mann verharrte urplötzlich, als hätte ihm jemand den Lauf einer Knarre in den Rücken gebohrt. Erst im Vorbeigehen bemerkten wir die Schläfenlocken, die sich rechts und links aus dem Hut kringelten, sahen den Schrecken in seinem Gesicht, der ihn erstarren und nun uns erschrecken ließ – ein unvergesslicher, durch unser nicht mal lautes Deutsch heraufbeschworener Moment. Danach fuhren wir hoch zum 110. Stock, der Turm schwankte dort bis zu zwei Meter hin und her – was uns noch benommener machte, bei mir Brechreiz auslöste, bei Dizzi womöglich die Idee für eine Collage … Jahre später entdeckte ich dann zufällig ein Multiple von Beuys, »Cosmos und Damian«, die Namen legendärer christlich-arabischer Zwillingsbrüder, mit denen er die beiden Türme 1976 senkrecht beschriftet hatte. Diese antiken Heiligen wurden die »Geldlosen« genannt, weil sie für ihre Heiltaten keinen Lohn verlangten, einem kranken Weißen transplantierten sie der Sage nach das Bein eines schwarzen Arabers. Mit der für ihn typischen Gewitztheit wollte Beuys die Zentrale des Welthandels, Symbol für das »Endsystem des unmenschlichen Kapitalismus«, durch Kunst heilen. In seinem Multiple transformierte er das Bild der Zwillingswolkenkratzer in zwei weiße Fett-Türme …

–… die vielleicht noch irgendwo stehen, das kannst du ja leicht herausfinden, was, Max?

Doch der tote Beuys schien ihn weniger zu interessieren als der tote Dizzi.

Der Sitz der Unterwaldt Stiftung lag auf Höhe der 3. Straße West in einer kurzen Gasse, der Washington Mews. Sie bestand aus zwei Reihen mit hutzeligen, einstöckigen Häusern, wie aus Versehen stehengeblieben. Mit ihrer ländlichen Niedlichkeit, dem Kopfsteinpflaster und gelegentlicher Blumendeko konnten die Mews als europäische Dorfstraße des 18. oder 19. Jahrhunderts durchgehen. Dieser Eindruck wurde von den etwas auffälligeren Kopfgebäuden noch verstärkt, vor allem durch steinerne Rundbögen über den Eingängen und hohe, scheunenartige Holztore mit eingelassenen Pforten. Diese stille, autofreie Gasse war wie geschaffen für traditionsbewahrende Stiftungen und vor sich hin repräsentierende Kulturinstitute. Es gab ein sogenanntes Deutsches Haus, eine Maison de France, und auch die Unterwaldter hatten hier ihre Büros. In diesen schön restaurierten ehemaligen Stallungen für Polizeipferde ließen sich kulturelle Anliegen wohl gut verfolgen, ungestört und dennoch mittendrin. Das westliche Ende mündete direkt in den Anfang der Fifth Avenue, Schranken hielten die Autos draußen. Rätselhaft, wie solche überkommenen, aus der Zeit gefallenen Ensembles alle Angriffe der Immobilienindustrie überstehen konnten. Vermutlich gehörte die Gasse der New York University, dem größten Grundbesitzer des Viertels um den Washington Square Park. Deren Manager spekulierten selbst und sorgten durch geschickte Verkäufe der seit dem 19. Jahrhundert angesammelten, heute hochpreisigen Flächen für die finanzielle Sicherheit der hehren Wissenschaft.

Im Stiftungsbüro erwartete mich die Direktorin, Frau Staunton, Sarah Staunton. Bereits vor Wochen hatte ich im Internet ein Foto von ihr gesehen und nichts weiter gedacht, das Passbild einer Frau mit dunklem Haar und glatten, wenig verratenden Gesichtszügen, Mitte, Ende vierzig, zwischen Lenz und Herbst. Dass die Einladung an mich nicht von ihr, sondern vor einem halben Jahr von Mister Moorfeld, ihrem Amtsvorgänger, ausgesprochen worden war, verkomplizierte die Sache … Wer weiß schon, wer wie tickt … Die Begegnung verlangte also größte Konzentration, wobei in dieser Stadt ohnehin alles jederzeit zu höchster Aufmerksamkeit zwang, um ihren realen Irrsinn plus sich selber auszuhalten. Die Vorstellung, hier vor einer Art Aufnahmeprüfung in Person einer jurierenden Miss Staunton zu stehen, machte mich nervös und presste meine neuropathisch befallenen Waden noch fester zusammen. Jemanden für sich gewinnen wollen – ein Gedanke, der mich kurz verärgerte. Musste das in meinem Alter noch sein? Hörte das denn nie auf?

– Schön-dass-Sie-da-sind, endlich dürfen wir Sie persönlich in unserem Haus begrüßen, herzlich willkommen, sagte Sarah Staunton mit einem schmalen Lächeln, das von mir wohl so ähnlich erwidert wurde.

Sie empfing mich in ihrem Büro, hier und im Foyer sorgten mehrere Frauen für Betriebsamkeit. Nach Tagen ohne jegliches Gespräch irritierte es mich momentweise, wenn jemand das Wort an mich richtete.

Wir setzten uns in eine Besucherecke, ein paar Floskeln gingen hin und her. Die drei bis sechs Sekunden, die nach wissenschaftlichen Erkenntnissen bei der ersten Begegnung über die mögliche sympathische, gar erotische Anziehung entscheiden, waren schon vorbei, no Honky Tonk, schließlich wurde unsereins nicht täglich von den Toten auferweckt.

– Sie sehen ja, was bei uns los ist … verschiedene Vorbereitungen laufen, einige Programme beginnen, und in zwei Wochen haben wir den großen Abend mit Philip Roth …

– Wow, sagte ich ehrlich anerkennend, ja, ganz groß, ein Hammer, Philip Roth.

Die Nennung des bewunderten Schriftstellers wirkte auf mich nicht unbedingt wie ein Schulterklaps, während sie meinen erstaunten Ausruf wie auch immer werten mochte. Sie sprach noch weiter über ihren großen Abend, seine Unwägbarkeiten, die viele organisatorische Arbeit – völlig akzentfrei, sie könnte bis vor ein paar Jahren Deutsche gewesen sein, ehe irgendwo ein Mister Staunton aufgetaucht war … Schwer zu sagen, ob der noch zuhanden war, so unterkühlt, wie sie auf mich wirkte. Ob jemand im Glück lebte oder leicht daneben, glaubte ich relativ schnell erkennen zu können. Eine extrem schlanke Frau, vielleicht vegan ernährt und yoga-fit, die mich mit ihrem routinierten Bürocharme an Filme aus den Fünfzigern erinnerte, in denen Sekretärinnen in engen Single-Apartements lebten und New York nach traurig endenden Romanzen als bösartigen Moloch durchschauten – nur waren Miss Stauntons Lippen nicht so dick geschminkt. Außerdem standen die Dinge ja nicht schlecht für sie, einen Mann abgelöst, in die Leitungsposition gelangt … Auch mir war sie einen Schritt voraus, weil sie wusste, was sie tat.

– Ich hoffe, dass Sie sich hier schon gut eingelebt haben, das Apartment hat ja leider ein paar Mängel –

– Alles okay, mittlerweile kann ich Eier kochen, ohne dass der Rauchmelder loskreischt, und die vorgefundene Reizwäsche habe ich in einem der hinteren Wandschränke verstaut –

– Oh, sorry for that, manche Gäste bringen ihre Partner mit, auch Kinder … ist erlaubt, aber wir sehen das nicht so gern, sind ja keine Ferien hier –

– Na ja, vielleicht ein Honeymoon, der tolle Slip ließe drauf schließen –

– Ach, Sie haben noch solche Phantasien –

– und dazu noch eine handgeschriebene Ode auf die Stadt, als wär's Paris oder eine sonnenüberflutete Karibikinsel, ein Gedicht als schwärmerischer Dank für die glücklich verturtelte Zeit hier oben in der 17 E … und den Zettel ausdrücklich zur Aufmunterung dem Nachfolger aufs Nachtschränkchen gelegt, mit zwei unleserlichen Unterschriften –

– Ja, positives Denken, die letzten Gäste, eine junge Schweizerin, Anne Engelmann, glaub ich, sie hat einen Film über die Vernichtung der amerikanischen Wandertaube gemacht, eine Landplage des letzten Jahrhunderts, ein Biologe will mit neuen Techniken die ausgestorbene Rasse nachzüchten, per DNA et cetera, die letzte dieser Wandertauben starb 1972, sie hieß Martha, ein sehr schönes Projekt …

– Tja, Wandertauben … vielleicht ein bisschen aus der Luft gegriffen …

– Und Sie sind allein hierhergekommen?

– Ja, und eigentlich ganz froh, dass ich nicht gleich morgens mit jemandem turteln muss –

– Und Kinder? Haben Sie keine Kinder?

– Doch, doch … einen Sohn, er lebt sogar hier, schon lange, arbeitet bei Bloomberg TV, viel unterwegs zur Zeit, wegen dieser seltsamen Baseballspiele, die Playoffs oder so, ein komplizierter Sport … Kennen Sie bei dem Sender vielleicht jemanden?

Frau Staunton verneinte. Genaueres wollte sie ja gar nicht wissen, für ihren Job genügte das Kursbuch der Keywords, wie geht's, was ist mit der Familie, welches Projekt wollen Sie hier angehen?

– Ich werde einen Toilettenführer für New York schreiben, sagte ich ganz ruhig, das geht mir schon seit Tagen durch den Kopf –

– Sie scherzen …

– Ja, wahrscheinlich.

Ein Hauch von Skepsis legte sich über Sarah Stauntons faltenlose Stirn. Zwischendurch hatte ich – vergeblich – um Raucherlaubnis gebeten und als Übersprungshandlung die zersaust abstehenden Haare geordnet, eine zwischen Verwahrlosung und Protest flatternde houellebecqsche Strähnenmähne, die bei berühmteren Senioren wirksam vom Gesicht ablenkte.

– Sie waren ja noch von Herrn Moorfeld eingeladen worden, sagte sie mit Blick auf ein Schreiben vor sich, und werden bei uns worüber nochmal genau vortragen?

– Über den Einfluss der amerikanischen Subkultur der Sechziger auf die deutsche Emanzipationsbewegung, also das Vorbildhafte, den Prozess des Übergangs in die Kulturindustrie –

– Oh wirklich, interessant, ja, was soll ich dazu sagen –

– Sie müssen dazu gar nichts sagen, das Projekt war mit Herrn Moorfeld im vergangenen Jahr schon abgesprochen, es gab da einen E-Mail-Verkehr –

– Oh ja, natürlich, ich weiß, aber ich bin da weniger bewandert, wobei der Abgang von Herrn Moorfeld sehr überraschend kam, wir mussten bei allen Planungen nacharbeiten, und da lief nicht alles reibungslos –

– Verstehe, dann können wir ja jetzt darüber reden, Sie haben mir ja Ihre Broschüre zugeschickt, das Vierteljahresprogramm, bei der Lektüre vermisste ich –

– Wie gesagt, es gab Probleme … wissen Sie, ich muss mich da nochmal genauer kundig machen, doch im Moment, ich weiß nicht, warten Sie mal …

Frau Staunton verließ den Raum. Allein im Büro zurückgeblieben, saß ich da wie in geliehenen Kleidern. Das Gespräch hatte sich, wie befürchtet, unerfreulich entwickelt und war bedenklich ins Trudeln geraten. Unter dem gefühlten Druck mangelnder Akzeptanz neigte ich dazu, in hastendes Erzählen auszuufern, zwischen Zeiten, Orten und Personen hin und her zu springen – ja, damals in Düsseldorf, all die später berühmten Künstler, der irre Aufbruch um Achtundsechzig, die große Emanzipation, auch meine, eines im Wald aufgewachsenen Jungen, Dorfkind, Kleineleutekind, und nach Jahrzehnten das nochmalige Upgrading in New York … Falls die Unterhaltung hier weiter abdriften sollte, könnte der Hang, aus Not und Ärger immer dicker aufzutragen, böse Formen annehmen. Auch gab es für meinen Groll ja Gründe, im Programmheft der Stiftung fehlte der von Moorfeld zugesagte, bereits fix terminierte Auftritt, »Ein Abend mit …« – einfach nicht mehr im Kalender, so wenig wie der Vortrag im Unterwaldt-Auditorium, nichts. Das hatte mir die Lady mit zähnebleckender Nettigkeit gerade verklickert. Von ihr nicht ausgesucht und eingeladen, da brauchte sie sich mit dem Gast und seinen Themen nicht groß zu beschäftigen ... Hatte sie gedacht, ich würde es gar nicht mehr bis hierher schaffen? Als sie wiederkam, legte ich die rechte Hand über die linke.

– Wir wollen sehen, was sich noch arrangieren lässt, wir bräuchten allerdings ein paar Anhaltspunkte Ihrer Vita.

– Ich wurde geboren, lebte und starb – ein Heidegger-Zitat.

– Geht's etwas ausführlicher?

Die Unterlagen seien in den Moorfeld'schen Aktenbergen verschlupft, erklärte sie noch, bitte nicht ungeduldig werden. Sie wollte einfach nicht zugeben, dass sie selbst die Sache bei der Amtsübernahme schlicht vermasselt hatte. Andererseits, warum die gütige Hand beißen, die einem alten Wandervogel ein paar Krümel anbot ...

– Also, aufgewachsen in Norddeutschland, in, wie man so sagt, einfachen Verhältnissen, mit achtzehn ein hoffnungsvoller Journalist, mit zwanzig hoffnungsvoller Startup-Hippie, dann ging's für eine schöne Zeit nach Hamburg, später nach Berlin, wo sich über die rebellischen Jahre jahrzehntelang gut nachdenken ließ, those heady days, wie Amerikaner sagen würden –

– Ja, an einer Stelle habe ich doch etwas darüber gelesen, demnach sind Sie ein sogenannter Achtundsechziger.

– Ja und nein, aber wenn Sie unbedingt ein Label brauchen, gut ... Damals waren wir auf der Suche, und auch auf der Flucht –

– Als Achtundsechziger haben Sie es immerhin bis nach New York geschafft ...

– Aber nicht als politischer Aktivist, die Bewegung hatte viele Facetten, hedonistische, esoterische, die Kunst vor allem, zum Glück erlebte ich diese Phase in Düsseldorf, zur gleichen

Zeit wie Richter-Beuys-Polke, damals noch nicht so bekannt, alle jung und gut unterwegs um 1967, 68 …

– Im Moma haben wir gerade eine große Polke-Retrospektive –

– Ich weiß, mit dem Sigmar war ich eine Zeit lang befreundet, er besuchte mich nach meinem Umzug in Berlin, den fand er gar nicht gut … Abends gingen wir spazieren, Polke sah auf dem Bürgersteig ein runtergefallenes, aufgeplatztes Ei liegen und sagte: Jetzt weiß ich, was du hier machst, du brütest was aus … Und das hab ich dann auch …

– Ein wirklich großer Maler, und so vielseitig.

– Ja, Polke … er hat das Lachen in die Kunst zurückgebracht, vor ein paar Tagen war ich im Haus seines Galeristen Werner am Central Park, die Wände voll mit gekästelten Seiten, aus Schulheften abgetrennt, kleine Zeichnungen, Mädchen mit Luftballon, Klamotten auf der Teppichstange, solche Sachen für sechzigtausend bis sechshunderttausend Dollar, alle aus den Jahren, in denen wir uns kannten …

Diese 20-Pfennig-Schulhefte, ein einziges Blatt hätte mir später zur Überbrückung der einen oder anderen Durststrecke genügt. Aber warum noch mehr erzählen. Frau Staunton schaute bereits leicht indigniert an mir vorbei – die Polke-Anekdote könnte schon zu viel gewesen sein. Wahrscheinlich dachte sie, du kleiner Depp aus Übersee, verstehst nichts vom System New York, nichts von den hiesigen Kulturnetzwerken, und willst hier als beckettscher Quasselgreis noch ordentlich was loswerden, mit deinem deutsch damischen Underground … Ruhm muss man hier schon von zuhause mitbringen, sonst wird man in New York noch kleiner als in seinem lächerlichen Kiez …

– Wir haben andere Zeiten, sagte Frau Staunton, vor ein paar Tagen brachte die Times eine Story, Last Bohemian turns out the Lights, über den letzten Rebellen und Künstler, der gerade die Lower East Side räumt –

– und in die österreichischen Alpen zieht, hab ich auch gelesen, ein langhaariger Tattoo-Bursche, dieser Patterson, alter Underground-Adel, ewig vor Ort, mit ordentlichem Barthaarzopf, blond und breit auf der Brust dekoriert ... sehr fotogen für eine hingeheuchelte Gentrifizierungs-Story, aber dass er im Village der Letzte seiner Art sein soll, das glaub' ich nicht –

– Es gibt neue Standards, auch die East Side verändert sich.

– Ein hübscher Euphemismus, wenn nach Jahrzehnten die Reste abgeräumt werden, die Community, die kreativen Energien verschwinden und die Drinks teurer werden ... bei den neuen Bauprojekten in Manhattan dürfte es kaum eine gegenkulturelle Quote geben –

– Wie sollte die denn aussehen?

– Keine Ahnung, wenigstens die eine oder andere Gedenktafel hier im historischen Village, allein in der Bleecker Street, das CBGBs, Hell's Kitchen, nichts mehr zu sehen im einstigen Zentrum der amerikanischen Kultur, ein Museum müsste her ...

– Mark Twain hat eine Bronzeplatte hier.

– Und all die anderen? Spurlos verschwunden, keine Zeichen der großen Kultur des vorigen Jahrhunderts, die in diesem Viertel ja entstanden ist, verstreut auf ein paar Straßen ... Kennen Sie Holly Woodlawn? Eine der unbekannteren Berühmtheiten der Lower East Side, die aus dem Lou-Reed-Song, die gute Holly trampte quer durch die You-Ess-Äh und lief hier um die Ecke dem Lou in die Arme, mit rasierten Beinen, ein frühes queeres Lied … Zu Ehren dieser Holly Woodlawn gab's kürzlich in Berlin ein Essen, bei einem Musikredakteur … Ist das nicht irre, die europäischen Söhne Amerikas müssen Ihre Subkultur bekochen … scharfe Spaghetti für eine weißhaarige 75-jährige Immer-noch-Frau, die sich über das weinrote Einstecktuch eines der Mitesser lustig machte – wozu, mein Herr, das Schlabberlätzchen? Und vermutlich dachte jeder am Tisch an das Lied, das sie unsterblich machte, yes, I said, hey Babe, take a walk on the wild side … Wer nicht alles trieb sich hier herum, Holly, Pattie, Laurie, denken Sie mal an die Laufwege dieser Frauen, die und etliche andere kann ich Ihnen nur empfehlen für Ihr Programm …

Frau Staunton kuckte bereits zum zweiten Mal auf ihre Uhr, jaja, verstehe … Unser Gespräch war endgültig entgleist, zu viele nostalgische Details, dazu noch der Fauxpas, der aktuellen Stiftungsdirektorin mehr oder weniger abgeranzte Village-Hinterzimmer zu empfehlen, wo es für Holly bekanntlich ohnehin nur Blowjobs gab. Ob die Unterwaldt Stiftung sich als Hüter solch halbversunkener Unterwelten sehen wollte, schien mehr als fraglich. Außerdem brauchte die Rockmusik solche Unterstützung nicht, die universalen Netze der Sympathie bewahrten sie für alle Ewigkeit, zumindest vorläufig. Auch wussten wir ja beide, dass die Gegend zahm geworden war, mehr Geschäftsleute als Rebellen, mehr Prada als Meinhof.

– Schön, dass Sie bei uns waren, sagte Frau Staunton, Sie kommen ja noch in unsere Sprachklassen, übernächste Woche, und dann werden wir sehen, welche Termine noch möglich sind. Ist das okay für Sie?

Ihr Abschiedslächeln klebte wie ein hartgewordener Kaugummi am Gebiss.

– Ja, okay? Dann also schöne Tage.

Ich stand auf.

– Sie haben ja meine Telefonnummer.

Draußen hallte das Gespräch noch eine Weile nach – Fußwege waren Kopfwege, dieser wie andere gespickt mit Selbstkritik, zu viel erzählt, zu viel preisgegeben, warum bloß? Um dann diese autoritäre Formel zu hören, das perfide drohende »Ist das okay für Sie«. Okay war für mich mein geistiges Chaos, denn bei aller Widersprüchlichkeit und Inkonsequenz lag ihm ein abgeklärtes, organisches Selbst zugrunde. Und irgendwelcher Ärger mit irgendwelchen Direktorinnen war nicht weiter schlimm, schließlich passierte all das in New York, and the colored girls go …

Ein heller Nachmittag, die Leute auf der 2. Avenue machten ihre Besorgungen in den zweitklassigen Supermärkten, wo es dieselben Markenwaren wie auf der Westside gab, nur billiger. Nach dem Miss-Staunton-Missverständnis brauchte ich erstmal ein Bier – The Double Down Saloon, dessen Name mir schon vorher aufgefallen war, kam da gerade richtig. Im Halbdunkel saßen am langen Tresen fünf, sechs Männer wie angeschraubt auf ihren Barhockern, gealterte Jungs vom Schlage eines Patterson, langhaarig, die schwarzen T-Shirts mit Raubvögeln, Drachen und geballten Fäusten bedruckt, die Tattoos an Armen und Hals zu großflächig für einen Job bei der Polizei. Das war rausgekommen bei ihrem Streben nach Einzigartigkeit – ein Stammplatz im Double Down Saloon, wo sie wie angejahrte Kopien ihrer selbst hockten. Keine Landstraße nirgends, kein Fahrtwind, sie schienen zu wissen, dass sie keine guten Karten hatten und den nach großen Verlusten nochmal alles wagenden Doppeleinsatz nicht mehr hinlegen konnten.

Niemand sprach, ungewöhnlich für eine Kneipe. Meist brüllten sich die Leute gegenseitig nieder. Hier rumorte nur halbschwerer Metal in gemütlicher Zimmerlautstärke, außer dem gelegentlichen Heben eines Glases passierte nichts. Ich gönnte mir ein europäisches Bier, dreizehn Dollar, und studierte die diversen Schilder auf dem Tresen – eines empfahl: Shut up and be a Nice Guy, auf einem anderen stand in gelber Schrift auf schwarzer Pappe: No Hippies.

Kein unsympathischer Saloon, ein guter Ort zum Runterkommen, und mit seiner entsagungsgetränkten Tristesse auch für mich ein passender Platz. Nur eines trennte mich von meinen tätowierten Schweigebrüdern. Sie ruhten in ihrer Vergangenheit, ich nicht.

Es hatte mehrere Gründe dafür gegeben, dass Nina und ich zusammengekommen und doch kein Paar geworden waren. Die gemeinsam verbrachte Zeit, die Beziehung, dauerte nur vier, fünf Monate – obwohl mit der Existenz Enos eine lebenslange Verbindung blieb. Tatsächlich besaß ich nichts, was an sie erinnerte, kein Foto, das uns oder sie allein zeigte, keine anderen Gegenstände, außer jener Handvoll Briefe und Postkarten, die nach wie vor auf dem New Yorker Schreibtisch lagen. Bei ihrer erneuten Lektüre versackte ich in zahllosen Einzelheiten, die mir eine der sonderbarsten Geschichten meines Lebens wieder nahebrachten. Doch wie wäre ihre Vertracktheit zu erklären? Mit der post-rebellischen Situation Ende der Siebziger, dem Schwinden des dogmatischen Drucks Anfang der achtziger Jahre, mit der erstaunlich schnell erfolgten Rundum-Emanzipation, den so gewonnenen Freiheiten? Sie brachten für jeden Einzelnen einen enormen und steten Zuwachs an Möglichkeiten, noch wenige Jahre zuvor war davon nichts zu ahnen. Nach und nach vergrößerte sich die Welt, deren Traumorte, von den frühen Hippies abgeschmeckt, jetzt überall lagen – auch auf der fernen Insel Jamaika. Wie viele vertraute auch Nina auf das ungewohnte, herrliche Gefühl, machen zu können, was sie wollte – um Irrtümer konnte man sich später kümmern. Von Anfang an verfolgte sie ihren Plan, einen ungewöhnlichen, doch klar durchdachten Plan, den sie dann ohne abenteuerliche oder draufgängerische Pose wie selbstverständlich durchzog. Nicht einfach, die damalige Realität und ihre Konsequenzen drei Jahrzehnte später Nachgeborenen zu vermitteln – zumal dem eigenen, der fragen könnte: Was war das eigentlich da mit euch beiden ... Ja, sorry, mein Fehler ... als laichdummer Hecht nicht richtig hingeschaut und obendrein die Stärken dieser Frau fatalerweise unterschätzt ...

Die Geschichte kam ins Laufen, als Nina eines Abends überraschend hinter dem Tresen meiner Hamburger Stammbar stand und locker routiniert den Service erledigte – die neue Barfrau, für sie ein Job in anspruchsvollerer Position als bisher. Wir kannten uns flüchtig aus der Bierstube Gans, ihrer vorigen Arbeitsstelle, einer seinerzeit angesagten, verwilderten Studentenkneipe im Uni-Viertel. Bereits dort hatte mich erstaunt, wie sehr Nina meiner Ex-Freundin Régine ähnlich sah ... Es wäre jedoch dumm, dem zu viel Bedeutung zu geben ... so wie es vielleicht auch dumm gewesen war, sich von Régine nach sieben Jahren getrennt zu haben ...

Das After Eight oder Nach Acht lag im feineren Teil der Stadt, in einem Pöseldorfer Neubau an der Ecke von Mittelweg und Milchstraße, eingerahmt von hohen, weißen Patrizierhäusern. Die Bar sah so englisch aus wie nur in Hamburg möglich. Edelholzgetäfelte Wände, dezent verspiegelte Regale für die besseren Spirituosen, dazu eine reeperbahnhafte Geschmacksverirrung in Form von Tischlampen mit roten Schirmen und angepaspelten, weißen Troddeln – das Etablissement lockte mit dem Restcharme verlorener Vornehmheit. Für das Publikum galt das weniger. In früheren Zeiten von hier ansässigen, seriösen Gästen besucht, wurde die Bar zunehmend von gewöhnlicheren Kneipengehern infiltriert – unter die Söhne wohlhabender Familien oder den Alsterdorfer Adel mit seiner blaublütigen Exklusivität mischten sich Musiker, Dealer und Strizzis, die ihre Meriten noch erwerben mussten. Den drei, vier Dutzend Stammgästen diente das Nach Acht als ein Ort der Leidenschaften, der das Anbahnen, Ausleben und Beenden von Liebesverhältnissen erleichterte, die Kontrollverluste Einzelner hielten sich in Grenzen.

So war es auch schon eine Weile her, dass ein von zarter Hand blitzschnell geschwenktes Whiskeyglas an meine sofort aufplatzende Stirn knallte ... der blutige Nachklang einer verlorenen Liebe, ein einprägsamer Moment, den mir meine Ex-Freundin Régine in jener Nacht bereitete – und das in unserer Lieblingsbar aus vergangenen, guten Zeiten. Von ihrer Hand wurde das ruinierte, doch uns weiterhin verbindende Gefühl nochmals beglaubigt, indem sie es an meinem Kopf hart scheppern ließ. Wer liebte, war im Recht. Schwerstbetrunken hatte sie sich ihren Weg durchs Lokal ertastet und mich sekundenlang mit starr entsetzter Miene angesehen, bis offenbar irgendein fataler Moment unseres Dramas wie ein Short Cut in ihrem Gedächtnis aufploppte ... um das zu beenden, musste sie zuschlagen. Was uns über Jahre gebannt hatte, wirkte immer noch.

Auch meine anhaltende Anhänglichkeit an das Nach Acht ließ sich mit der alten Liebe zu Régine erklären. Da sie gelegentlich hier auftauchte, bestand die Chance, sie wie zufällig wiederzusehen. Zu der Zeit pendelte ich in unklarer Mission zwischen Hamburg und Westberlin. Meine Firma war Anfang der Achtziger längst aufgegeben, eine neue Beziehung ins Stocken geraten, die Suche nach Halt existenziell geworden. In dem hoffentlich vorübergehenden Chaos blieb nur die Flucht in die Bar – an den Stellplatz inmitten temporärer Schwerenöter, gefährdeter Träumer und eingebildeter Surrealisten. Wie ich hatten auch einige Freunde ihr Faible für die Atmosphäre des Nach Acht entdeckt. In wechselnder Zusammensetzung bestritten wir die Abende, in den Gesprächen gaben sich manche als theoriesprudelnde Künstlerkandidaten, während andere als bloße Sportsfreunde die Ambitionen angenehm herunterschraubten – allen voran mein Spezi Diddi, der dem jungen Paul Newman noch ähnlich genug sah, um jede Bettdecke aufgeschlagen zu bekommen. Nina, in Jeans und weißer Bluse, bediente mit schönen Bewegungen, unsere Gruppe bevorzugt ... sie behielt die Szenerie im Blick ... und schaute mich in ihren Arbeitspausen bald aufmerksamer an als nötig, lächelte öfter und drückte mir das nächste Bier auch mal gratis in die Hand ... nach den Regeln der Nacht zweifellos eine Annäherung, ein deutliches Zeichen für freie Kapazität.

Als wir später in ihrem Auto saßen, gab uns der ohne Zaudern gefasste Entschluss ein erstes Gefühl des Zusammenseins. Die vorangegangene Spannung hatte sich gelöst, eine nächste baute sich langsam auf. Keiner schien verlegen zu sein, harmlose Scherze fielen, wir lachten. Es sah so aus, als wüssten wir, was hier passierte, als wäre es etwas seit längerem Verabredetes, Selbstverständliches. Sie hatte »Kommst du noch mit« gefragt, ich hatte »Ja« gesagt. Wenn sich morgens um vier zwei füreinander entschieden, löste das ein paar der bis Minuten zuvor noch bestehenden Rätsel. Ich liebte diese Anfangsmomente, ihr ungewisses, riskantes Versprechen, und musste während der Fahrt die verfrüht aufsteigende, zu Albernheiten verleitende Euphorie unterdrücken. Nina wiederum musste ihre Bargeschichten loswerden, redete über Gäste, die sie amüsiert hatten … wie der betrunkene Manuel von Sowieso, der stets behauptete, er würde saufen, weil seine Freundin so viel meckerte, während sie behauptete, sie würde meckern, weil er so viel soff … Das passt schon, sagte ich, ein Spitzenpaar – wir lachten. Eine Win-Win-Situation.

– Ja, aber deine Leute sind auch nicht ohne, die zögern meinen Feierabend immer weiter raus … von drei auf vier auf fünf, Last Order hin oder her …

– Na ja, das sind dringend nötige Aufräumarbeiten, Romantiker gegen Seelen-Ingenieure, Adorno versus Mick Jagger undsoweiter, im Untergrund gibt's keinen Feierabend …

– Auch ihr werdet euch noch nach festen Arbeitszeiten sehnen.

Wieder Lachen. Win-Win-Win.

In der Wohnung angekommen, brauchte sie erstmal eine Dusche. Ein sachlich eingerichtetes Apartment, das ich mir ankuckte, kantige Hängeschränke, ein wandgroßes Schwarzweiß-Poster mit einer in den Raum brausenden Lokomotive, graue Couch, grauer Fußbodenbelag, alles irgendwie rechtwinklig, vernünftig, kein Hort für die Ewigkeit. Boxen, groß wie Kommoden, und neben der Stereoanlage zwei kleine Stapel Kassetten, Brian Eno und Reggae, Toots and the Maytals, Linton Kwesi Johnson … Musik, wie sie drei, vier Jahre zuvor live in nächtlichen Klangwolken über die Hügel von Negril in meine brütend heiße Wellblechhütte geweht war … In diesen Augenblicken des Wartens war alles Störende aufgehoben, ungeduldig werden lohnte nicht … Das so Minuten-kurz-davor-Sein ließ die Gedanken langsam verlöschen, ein Hochgefühl stieg auf. Alles war richtig und konnte nur falsch werden, wenn über den Moment hinausgedacht wurde.

Als Nina den Raum wieder betrat, trug sie einen weinroten, spaltweit geöffneten Morgenmantel auf nackter Haut, die Brille abgelegt, das blonde Haar gelöst – ein Anblick, der mich noch verwirrte, während wir uns umschlungen hielten. Diese schwesternhafte Ähnlichkeit mit Régine ... die Bewegungen beim Hereinkommen, die Gesten und Worte, der leicht fordernde Unterton, die festen, kralligen Griffe und ersten, leise gestöhnten Sehnsuchtsseufzer ... das ging ins Blut, steigerte die Begierde ... eine traumhafte Wiederkehr und eben doch eine andere, verlockende Frau, die den Mantel abstreifte und mit dem ganzen Körper zu lächeln schien. In diesem Augenblick brauchten wir uns, Hände und Gesichter zuerst, alles andere hinterher, die Brüste ragten auf, die Zungen drehten fleischige Runden, nonstop gekonnt. Millionen Zellen machten sich auf ihren Weg, die Handlung schritt voran.

Am nächsten Morgen lag ein Zettel auf Ninas Kopfkissen: »Danke, sehen wir uns später??? Dann hätte ich auch eine Überraschung für Dich!« – verdammt früh, wie ihre Tage begannen ... im Büro einer Baufirma. Sie arbeitete als Angestellte, im Fulltimejob einer Chefsekretärin, und dazu fünfmal die Woche abends Dienst in Kneipe oder Bar. Was für ein irres Programm, hatte ich bemerkt. Geld, erklärte sie, ich brauche Geld, viel Geld. Während ich nach dem Sex gern über Sex redete, war Nina im Morgengrauen schnell konkret geworden. Es ging um ihren alles dominierenden Plan – sie wollte auswandern, das Land für immer verlassen, und zwar bald schon, die letzten Vorbereitungen liefen. Für einige Augenblicke war ich konsterniert … »auswandern«, ein selten gehörter Begriff, ein mehr als überraschendes Vorhaben … und das aus dem Mund einer soeben geküssten Frau, die neben mir lag und womöglich in Gedanken schon weit fort war. In fremden Betten war mir schon so mancher nicht zu Ende gedachter Plan zugeflüstert worden … Die Entschlossenheit jedoch, mit der Nina ihre Absichten bekundete, ließ kaum Zweifel an der Ernsthaftigkeit zu. Eine junge, agile Frau wollte Norddeutschland verlassen und in ein Warmwasserland umziehen, wollte abhauen nach Jamaika, um zwischen Dschungel und Strand eine neue Existenz zu gründen – klar, Hamburg, das Tor zur Welt, warum nicht auch für junge Frauen …

Später konnte ich mich nicht mehr genau erinnern, in welcher der ersten Nächte dieser merkwürdige Satz gefallen war. In einen nikotinberuhigten Danach-Moment hinein hatte Nina ihn wie nebenbei gesagt – Das hier ist meine letzte Gelegenheit, ein intelligentes weißes Kind zu kriegen … eine verstörende Ansage, wie ich fand, geradezu grotesk, als würde sie auf ewig im Herz der Finsternis verschwinden. Möglicherweise war's nur so dahingeredet, weil ihr der Sprung nach Jamaika doch nicht ganz geheuer vorkam. Sie wusste schließlich, dass auf der Insel mindestens zehn Prozent weiße Einheimische lebten und dazu jede Menge amerikanisch-kanadische Hippietouristen herumschwirrten, darunter sicher viele Trottel, aber doch nicht nur. Auch tickte mit ihren sechs- oder siebenundzwanzig Jahren noch nicht die Bio-Uhr … die letzte Gelegenheit, ein weißes Kind zu kriegen … was sollte das heißen … wer würde beim heiteren Bettgeplänkel so einen absonderlichen Satz ernst nehmen … Zum ersten Mal kam mir etwas, das sie sagte, irgendwie unwahrscheinlich vor … Doch anstatt nachzubohren, ging ich darüber hinweg und schob mich wieder an sie heran, für den Moment geschmeichelt und vielleicht sogar mit unbewusster Hingabe an ihren Wunsch. Auf mein verwundertes Grinsen erklärte sie nur, sie würde alles mit dem Kopf machen, warum also untenrum kopflos handeln?

So wie andere hatte auch unsere Geschichte mit einer ersten Nacht begonnen, in der ihr Ende schon besiegelt wurde – die wenige uns verbleibende Zeit reichte kaum zum Kennenlernen. Nina sprach mal von zehn, mal von fünfzehn Wochen bis zu ihrer Abreise. Dass es bei uns nicht ums Ganze ging, um das emotionale Einfädeln in den Anfang einer ernsten Sache, ließ die üblichen Komplikationen für mich erst gar nicht aufkommen – zum Verlieben brauchte es die Chance auf eine gemeinsame, unlimitierte Zukunft. Nina aber wollte weggehen, weit weg, was mich frustrierte und zugleich entspannte, weil mir in dieser Phase der späten Jugend das Physische genügte. Nicht, dass mir das Besondere unserer Konstellation nicht bewusst gewesen wäre … für mich eine Hilfe, den alten Kummer mit Régine abzuschwächen, für Nina eine Hilfe in Sachen Jamaika … Making Sense ging immer irgendwie …

Bereits am ersten Abend hatte ich sie aus dem Nach Acht abgeholt und aufmerksame Blicke einiger Stammgäste kassiert. Es schadete nicht, mit der neuen Barfrau des Hauses etwas zu tun zu haben. Obwohl wir uns mit verräterischen Gesten zurückhielten, sah es tatsächlich nach dem Beginn von irgendetwas aus. Trotz mauer Perspektive wollten beide eine Fortsetzung. Wenn Nina ihre Jobs hinter und vor sich hatte, waren die Nächte kurz. Erst an ihrem freien Wochenende machten wir das, was man als Möchtegernpärchen so macht. Wir gingen in die Kaffeestuben, auch zum Essen ins exotische Türken-Restaurant Nasreddin und fanden endlich Zeit für längere Gespräche. Sie wusste mehr von mir als ich von ihr … Beobachtungen, Gerüchte, vorgefühlt bei Buddy Diddi … Sie wusste, dass ich für eine experimentelle Literatur- und Filmzeitschrift intelligent daherkommende Texte schrieb, die anderen und mir mitunter unverständlich blieben. Und sie wusste von meinen Reisen nach Jamaika. Manche der von den Erzählungen und vom Reggae angetörnten Freunde waren ebenfalls dort hingefahren, und zu meiner Überraschung hatte auch Nina eine kurze Urlaubswoche auf der Insel hinter sich.

– Und du? Was hast du auf Jamaika eigentlich so lange gemacht?

– Nachts Proust gelesen, bei Kerzenlicht und plätschernder Dünung in meiner Wellblechhütte … heiß wie eine Sauna im Perma-Aufguss … dafür Strandlage für fünf Dollar … tja, was noch … mich über die toten Hunde aufgeregt, die aufgedunsen am Straßenrand lagen, alle viere steif in die Höhe gereckt … viel im Schatten gesessen … was man so macht, wenn die brodelnden Sonnenbrandkrater in der Schulter nicht verheilen wollen …

– Das klingt ja schwer begeistert, Sonnenbrand und tote Hunde …

– Also zuerst war ich in Kingston, natürlich schwer begeistert, in der Familie eines Freundes, den ich aus London kannte, der Vater war Präsident des jamaikanischen Unternehmerverbands, mit kleinem Büro in der Stadt, das Zuhause ein schöner weißer Bungalow, hoch auf den Hügeln … gleich am ersten Morgen war die Mutter völlig aufgelöst, weil ein im Garten herumlaufender Farbiger zu ihr gesagt hatte, ein bisschen dürft ihr hier noch wohnen, aber nicht mehr lange … ja, Revolution, singen sie, die nie kommt … Beim ersten kleineren Spaziergang in die Felder hinterm Haus warf mir ein oben im Avocadobaum sitzender Typ zwei Früchte in die Hände, taste it, und lachte …

– Wie schön, ich werde die Leute mögen.

– Sehr weit werden die Arme nicht geöffnet sein, deine Auswanderungs-Idee ist dir hoffentlich nicht beim Jimmy-Cliff-Konzert in der Musikhalle gekommen –

– Werd nicht fies, nur weil du selber grad nicht weiterweißt … Ich hab so viel Gutes gehört und auch gesehen, den Entschluss, da hinzugehen, hab ich schon letztes Jahr gefasst, und jetzt ist es bald so weit …

Für jemanden wie mich, der bei Entscheidungen notorisch schwächelte, blieb Ninas Vorsatz so beeindruckend wie rätselhaft. In ihrem Inneren musste sich etwas mit aller Klarheit abgebildet haben, eine Evokation. Sicher war es oberflächlich nachvollziehbar, wieso jemand Barmbek-Nord gegen einen karibischen Ort eintauschen wollte – aber für sie ging es um weitaus mehr, um einen grundsätzlichen Schritt.

In einem letzten Akt räumten wir nachts das halbe Apartment leer, um ihrer Versicherung glaubwürdig den Eindruck eines Diebstahls vorzugaukeln. Das Zeug brauch' ich nicht mehr, sagte sie nur, das Geld schon … als geklaut gemeldet und danach wird es verkauft … Die gute Nina konnte richtig anpacken, eine hemdsärmelige Frau. Insgeheim bewunderte ich ihre Tatkraft, den Mut, allein auf sich gestellt so ein Ding durchzuziehen.

Nach und nach hatte ich noch Weiteres über die Familie meines Jamaika-Freunds erzählt, wobei der Ausdruck »Freund« die Wahrheit, na ja, streifte … Nina musste nicht alles wissen. Die Chambers-Eltern sahen aus wie ein älteres englisches Ehepaar, eine Schwester war mit einem Tennisprofi verheiratet, sie mit erkennbar negroiden Zügen, klar, die mendelschen Gesetze, noch nach neun Generationen konnte bei Kindern weißer Eltern verwirrenderweise die schwarzbraune Hautfarbe auftauchen, die Farbe eben ihres Bruders, eines dunkelhäutigen Schlaks mit Kräuselhaar – er führte eine Werbeagentur, dazu das einzige Kabarett des Landes, zum Ausgleich fuhr er auf den Nachbarinseln noch Grand-Prix-Rennen.

– Beim Abendessen hat mal der Ministerpräsident Michael Manley angerufen, ließ ich Nina wissen, der wollte nicht den Vater sprechen, sondern den Sohn … Und noch vorm Dessert war der junge Chambers zum Staatssekretär im Touristikministerium ernannt, so viel zur Elite … je weißer die Haut, desto besser …

– Als Staatssekretär hätte er sich ja um die toten Hunde kümmern können.

– Sowas hätte ich ihm auch gesagt …

Die Familie wollte mich natürlich loswerden und gab mir eine Adresse in Negril.

– Die Regeln dieser Upperclass-Welt waren auf Dauer nichts für mich, also weiter … weiter nach Negril, einem verkifften Küstendorf, nur wenige Leute, ein paar Rastafarians, die mysteriös taten, mit ihrem priesterlichen Auftritt amerikanische Hippies einschüchterten und auch mich beim Ganja-Deal betrogen, ein endemischer Menschenschlag, wie die Fischer, die uns mit Rum gefüllte Zahnputzgläser spendierten … Es gab aber auch umsichtige Einheimische, die rücksichtsvoll aus dem Auto stiegen, wenn ein Betrunkener mit seinem Fahrrad vor ihnen herwankte, und sich nach seinem Befinden erkundigten … Ein Ort mit ein paar weit verstreuten, eher einfachen, mehr Holz- als Steinhäusern, kein Zentrum, nur eine Straße, alles andere als überlaufen … eine von wilder Natur umgebene Siedlung, in der ansonsten nicht viel los war …

– Genau deshalb will ich da hin, ich werde in Negril eine Pension mit Café eröffnen.

– Das wäre ein humanitärer Beitrag.

– Hör auf zu sticheln.

Schließlich hatte sie ja recht, denn genau das fehlte, als ich dort Mitte der Siebziger nur Wellblechhütten und als einziges Lokal die halboffizielle Bude der Fischer vorfand. Nina konnte sogar schon den Platz beschreiben, den sie für ihr Café ausgekuckt hatte – in der leeren Ortsmitte, wo die Straße einen Knick machte und Negril in seine beiden Hälften teilte, die eine zur schwer zugänglichen Felsküste hin, die andere mit dem kilometerlangen Sandstrand.

– In einem kleinen Palmenhain, dort soll es sein …

– Dann weiß ich schon den Namen, nenn es doch The German Grove, das deutsche Wäldchen …

Einen einzigen süßen Augenblick lang träumten wir zu zweit – süß auch, weil die am ersten Morgen angekündigte Überraschung sich als kleines Tütchen mit weißem Pulver entpuppt hatte, kein Problem für eine Barfrau, jederzeit an Koks zu kommen … Schon vom zweiten Abend an brachte Nina stets ein neues Tütchen mit zu unseren Treffen … Sie wusste, was über einen so erzählt wurde, meine einschlägige Vorgeschichte … aber auch, dass mein Glaube, über den Moment hinaus durch Drogen irgendetwas zu verbessern, sich schon vor Jahren schmerzhaft erledigt hatte … abgesehen eben von meinem Hang, bei Koks gelegentlich eine Ausnahme zu machen … Unklar blieb, ob sie eher mir einen Gefallen tun wollte oder die Stimmungsaufhellung für ihre eigene Mission brauchte.

So wurden die Nächte länger und die erregten Schilderungen ihres Plans ausführlicher, ohne dabei unwirklicher zu werden. In einer Ecke stapelten sich etliche Kartons mit bereits angeschafftem Geschirr und Kleinkram – und als triumphalen Höhepunkt präsentierte sie eine im Schlafzimmer verstaute, italienische Kaffeemaschine, Marke Gaggia, mit klotziger Front aus buntem Metall und dicken Chromrippen, der Cadillac unter den Kaffeehausmaschinen.

– Eine Sensation im Busch, frotzelte ich, endlich kommt die Moderne nach Negril, die Rastafarians werden Augen machen.

– Warum nicht, Euro-American Style, die Maschine und alles, was sonst nötig ist für den Betrieb, passt auf jeden Fall in einen VW-Bus.

– Perfekte Vorbereitung … akribisch in die Karibik …

– Nächste Woche wird der Bus gekauft und dann bepackt.

Nach einer kurzen Reise kehrte ich zurück, und wir verabredeten uns in den Kaffeestuben. Am Telefon hatte Nina gesagt, dass sie mir etwas Wichtiges mitzuteilen hätte. Gut gelaunt wie immer, wenn wir uns trafen, brauchte sie eine Weile, bis sie damit herauskam.

– Es ist passiert, sagte sie dann, ich bin schwanger.

Oh Gott, schwanger, oh nein, das darf doch nicht wahr sein, dachte ich und versuchte, einen neutralen Gesichtsausdruck zu wahren.

– Bist du sicher?

– Der Arzt heute morgen jedenfalls ja.

– Ja dann … also sicher … ja, gut, ich weiß nicht …

Was für ein Moment … härter als jemals zuvor … mir war, als würde mein Körper senkrecht in den Erdboden gerammt … dass auf diese Art ein Mensch entstehen sollte … unmöglich, sich das vorzustellen, die Eltern kennen sich doch kaum, oh nein, Jesses, Maria und Josef, der Lieblingsfluch meiner Stiefmutter … vollkommen unmöglich auch, in dieser Situation das Richtige zu sagen oder zu machen oder bloß zu denken – ein existenzieller Moment, der mir die Angst einjagte, in Ohnmacht zu fallen, wie schon einige Male, eine freudsche Bewusstlosigkeit, wenn die Dinge gegen einen liefen … allesamt wirre Gedanken, die nur zu hilflosem Gestammel führten … Wie ein ertappter Gauner war ich dort im Stuhl zusammengesackt und kam nur langsam wieder zu mir, während eine lächelnde Nina ihre Hand tröstend auf meine legte. Wir kuckten uns auf sehr verschiedene Weise schweigend an.

– Mach dir keine Sorgen.

Nina wirkte vollkommen gelassen, trank ihren Kaffee und knuffte mich aufmunternd in die Seite – für sie schien diese Schwangerschaft das Normalste auf der Welt. Sie schaute mich ruhig und abwartend an. Offenbar ahnte sie meine Panik und war bereit, mögliche Bedenken zu entkräften. Ein naheliegendes Problem drängte sich auf, wie sollte das denn alles gehen, angesichts der Tatsache, dass sie in wenigen Wochen das Land verlassen wollte? Allein hinaus ins Ungewisse – und das schwanger? Das Baby kriegen in einer Wellblechhütte am Strand und als alleinerziehende Mutter im jamaikanischen Busch leben? Oder würde sie wegen des Kindes ihre Haltung ändern und das Ganze abblasen?

– Nein, wieso, an meinen Plänen ändert das gar nichts.

Damit schien für sie alles gesagt. Nina mochte in ihrem veränderten Zustand kein Problem sehen, sie hatte sich klar entschieden … und zwar für beides, das Abenteuer und das Kind, ihre Auswanderung und ihre Kleinstfamilie. Sie wollte etwas mitnehmen aus der alten in die neue Welt, und meine Rolle dabei war die eines unbewusst mitwirkenden Zulieferers. Mir das einigermaßen schonend beigebogen zu haben, erleichterte sie. Ab sofort müsste sie ja anständig essen, sagte sie und schlug das Nasreddin vor. Und danach, zur Feier des Tages, vielleicht noch ein Näschen? Scheißkoks, sagte ich nur.

In dieser Nacht lag ich noch lange wach, während Nina bereits schlief. Zuvor hatte ich ihr einiges erzählt, anderes nur gedacht – alles rumorte ununterscheidbar in meinem Kopf. Wenn sich Ninas Ankündigung bewahrheitete, würde genau das passieren, was ich immer vermeiden wollte … und warum? Nicht richtig zugehört, im doppelten Sinn nicht aufgepasst … Ninas ominöser, vor Wochen gefallener und nicht ernstgenommener Spruch erwies sich als präzise formulierter Vorsatz … Mir notorischem Einzelgänger hatte bloß der Instinkt gefehlt, das zu kapieren, ein romantischer Nomade war auf die Schnauze gefallen … aber wie auch immer … Die

Zeugung eines Kindes sollte unter ganz anderen Umständen geschehen …

Vorsichtig, ohne das Horrorwort zu nennen, versuchte ich am nächsten Morgen, Ninas Entscheidung zu hinterfragen.

– Willst du denn wirklich ein Kind in die Welt setzen? Ihm diese abgefuckte, bescheuerte Realität zumuten?

– Aus der nehm' ich es doch gerade heraus.

Dummer Versuch, dumme Antwort. So einfach war Nina von ihrem Entschluss nicht abzubringen. Für sie gab es keine triftigen Gegenargumente. Bei mir dagegen rührte die Vorstellung, ein Kind gezeugt zu haben, gleich an mehrere Traumata, angefangen bei der eigenen Geburt … Das Kinderkriegen erschien komplett irrational, wenn die eigene Mutter einen als vier Wochen altes Baby verlassen, ja verstoßen und so den Vater zum Alleinerziehenden gemacht hatte … das Kind viel zu früh von der Brust genommen, no milk today, ein irreparabler Schaden morgen, lebenslanger Empathiemangel und schlechte Zähne drohten … Das Schicksal, in gestörten Verhältnissen mit nur einem Elternteil aufwachsen zu müssen, wollte ich einem eigenen Kind auf keinen Fall zumuten …

Nur einmal, mit Mitte zwanzig, war der Wunsch nach einem Kind über mich gekommen, in der Zeit mit Régine. Sie hatte mein natürliches Bedürfnis allerdings zurückgewiesen, wir wären dafür nicht reif – und sollte leider recht behalten. Ein Kind aber, dachte ich nach wie vor, sollte ein Kind der Liebe sein und nicht das einer Liebelei.

Welche Ironie des Schicksals, Jahre später eine Doppelgängerin zu treffen, bereit und willig, auch ohne Gefühl der Zusammengehörigkeit ein Kind zu machen. Nina verfolgte ihren eigenen Weg, wer wollte ihr das absprechen? Der Körper mit seinen Möglichkeiten gehörte schließlich ihr.

Der Countdown lief, nichts war mehr rückgängig zu machen. Wie geplant, brachten wir den randvoll mit Ausrüstung bepackten VW-Bus nach Bremerhaven. Alles funktionierte so, wie Nina es sich vorstellte. Während der Fahrt beschäftigte sie sich mit ihren To-do-Listen, auch unser Gespräch drehte sich um diese letzten Erledigungen, alles Tiefere blieb ungesagt. Um von der verhaltenen Stimmung zwischen uns abzulenken, erzählte ich Weiteres über ihren baldigen Wohnort und beschrieb das Haus eines Bekannten in Negril, meines Gastgebers für einige Wochen. Ein verrückter Kerl aus Kingston, der mit architektonischem Spleen auf seinem Grundstück Wohnhäuser aus verschiedenen Erdteilen nachbaute. Ein von ihm nebst Familie bewohntes altschwäbisches Bauernhaus stand dort schon, der Anblick so verwirrend wie der des zweiten fertigen Gebäudes, eines hölzernen, afrikanischen Rundhauses in Zeltform. Unter dessen offenem, meterhoch spitz zulaufendem Dach hatte ich einsame Sternennächte verbracht, in den Palmschindeln knackte es gespenstisch.

– Bernward heißt der Mann, dein zukünftiger Kollege im Hotel- und Gaststättengewerbe, besuch ihn mal in der Lighthouse Road …

Sein kleiner Sohn, ein hübsches, blondgelocktes Kind, hatte mich seinerzeit vor dem apathischen Verdämmern bewahrt. Du rauchst mit Papa jeden Morgen Ganja, empörte er sich, und dann sitzt du hier den ganzen Tag herum und machst nichts … Also verzichtete ich auf Bernwards Frühstücksjoint und wurde aktiver, fing Krebse und munterte eine schwangere amerikanische Studentin auf, deren Boyfriend abgehauen war …

Vom Pier aus beobachteten wir, wie der VW-Bus vom Kran zum Frachter hochgehievt wurde. Jetzt ging es tatsächlich los, ihre Idee wurde Realität. In Ninas Augen schimmerte ein glasig feuchter Film.

– An dem Seil hängt meine ganze Zukunft.

– Im Moment ein Café mit schöner Aussicht.

Mit beiden Händen umklammerte sie meinen Arm, bis das Auto im Bauch des Schiffs verschwunden war.

Zurück fuhren wir mit der Bahn. Auf der Strecke zwischen Bremerhaven und Bremen, einem unwirtlichen, nahezu toten Landstrich, begann Nina unvermittelt über ihre Situation zu reden. Sie hätte sich alles noch einmal überlegt, die Menge der Unwägbarkeiten bedacht und wäre zu einer anderen Lösung gekommen. Die Entscheidung sei ihr sehr schwergefallen, erklärte sie, aber sie habe in der vorigen Woche einen Schwangerschaftsabbruch vornehmen lassen.

– Du brauchst dir darüber also keine Gedanken mehr zu machen …

Ich war völlig perplex.

– Ja, wie denn, also doch … doch abgetrieben … wie furchtbar …

– Der Eingriff verlief ganz problemlos, alles in allem ist es besser so …

Diese Kehrtwendung frappierte mich genauso wie die Nachricht von der Schwangerschaft vor Wochen. Zu diesem Widerruf fiel mir allerdings endgültig nichts mehr ein, was sollte man dazu sagen … Die inneren Vorgänge, die zu solchen Entscheidungen führten, blieben anderen ohnehin verborgen. Nina wirkte sachlich wie gewohnt und schien den traurigen Abbruch nicht dramatisieren zu wollen. Sie blieb stark. Auch Vorwürfe wegen meiner skeptischen Reaktion waren aus ihren Erklärungen nicht herauszuhören. Für mich dennoch eine paradoxe Situation – unmöglich, auf welche Art auch immer Trost spenden zu wollen, unmöglich auch, der von ihr getroffenen Entscheidung freudig zuzustimmen. Am besten war es wohl, erstmal zu schweigen und ihr nicht mit irgendwelchen Nachfragen zu kommen, die auf sie heuchlerisch wirken könnten. Zugegebenermaßen verringerte sich der Stress der letzten Wochen, eine Sorge fiel von mir und vermutlich auch von ihr ab. Doch zur Zufriedenheit gab diese Entscheidung wenig Grund, weder für Nina noch für mich.

Auf der Rückfahrt von Bremerhaven kam das Gespräch nicht mehr so recht in Gang. Ein vor kurzem noch mögliches Paar blieb nach einigen wirren Irritationen auf der Strecke – und in diesem Bahnabteil vollzog sich unser Abschied. Drei Tage später stieg Nina ins Flugzeug und flog via Frankfurt in ihr neues Leben, nach Kingston, Jamaika.

Diese aufregende, am Ende ohne größere Verletzungen verlaufene Liebschaft ließ mich einigermaßen erleichtert zurück. Unmittelbar nach Ninas Abreise löste ich meine Hamburger Wohnung auf, auch das ein Schnitt, und orientierte mich in Richtung Arbeit, lebte mein Leben. Nicht einmal gegenüber guten Freunden erwähnte ich die leichtfertige Zeugung. Verursacher einer Abtreibung gewesen zu sein, war keine Heldentat. Wie andere zwiespältige Erlebnisse verschwand auch dieses nach und nach in der immer volleren Black Box der Verdrängung. Nur wenn ich meinen alten Freund Diddi traf, verloren wir den einen oder anderen Satz über Nina, doch auch er hatte von ihr nichts mehr gehört. Die Zeit verging, das erste, das zweite Jahr, die Gedanken an sie wurden weniger und weniger. Die Geschichte mit Nina war zum Schlusspunkt einer sehr verlängerten Jugend geworden, zu einer fast vergessenen Erinnerung an eine unausgelebte Liebelei.

Morgens weckte mich Max telefonisch und lud mich in die Galerie ein, um über Dizzi zu reden. Es ging um dessen Nachlassverwalterin, die auf mehrere E-Mails nicht geantwortet hatte. Wahrscheinlich wegen unkorrekter Daten oder überholter Adressen – wie bei Eno, der auf der Website von Bloomberg in der Baseball-Reportertruppe nicht mehr auftauchte. Was war bloß los in dieser digitalen Welt?

Der morgendliche Denksport kreiselte gerade wieder um das Eno-Problem, als ich im Spiegel das neueste Malheur entdeckte – das rechte Augenlid hatte über Nacht schlappgemacht und hing auffällig tief herunter … nicht schön anzuseh'n, auch weil der Defekt das Sichtfeld einschränkte, ein Teil der Linse war geringfügig abgedeckt, der rechte Rand erschien verschattet – ein Fall für den Netzdoktor, ich kuckte sofort nach … das Auge, wikimäßig erklärt und grafisch verdeutlicht, sein in der Höhle verlegtes Dutzend Nerven- oder Muskelstränge und die entzündlichen Ganglien … ungefähr so wie die Kabelschaltung eines elektronischen Steuergeräts … Das Leben, dachte ich, variiert spätestens jetzt seine Attacken. Ziemlich unerfreulich, dem langsamen Verfall des eigenen Körpers zuzuschauen, aber es bildete ungemein.

Die 23. Straße West führte nach Chelsea. Vorbei am Union Square, dem Platz für Mini-Demonstrationen, darunter eine untote Hare-Krishna-Gruppe in original rot-orangen, mit

Retro-Klimbim behängten Gewändern. Inmitten der desinteressierten Menge zelebrierte sie ihren Gesangs-Tanz, unbeirrt das Tamburin schlagend wie seit vierzig Jahren, in einer auf Granit gebauten Stadt versickerte doch nicht alles … so wenig wie die in herdengleichen Schüben immergleich rasenden Autos, die unaufhörliche Bewegung an den Hot Spots … Unverändert entzog sich das heterogene Wimmelbild auf Manhattans Straßen nahezu irreal der optischen und sprachlichen Fixierung. Doch nach Westen hin normalisierte sich die 23. ein Stück weit und wurde zu der mir seit jeher vertrauten, unaufgeregten Geschäfts- und Wohnstraße. Hier inspizierte ich gelegentlich die sau-ehrlichen Billigläden mit Haushaltswaren, Altkleidern oder dem Elektrikkram der unsterblichen Kette RadioShack … und fand zwischen tausend Töpfen, Tapetenklebern und Taschenempfängern etwas Entspannung.

Das Erste, was an dem grauen Trumm in Chelsea auffiel, war seine Eingangsfront. Eine fünf, sechs Meter breite, absatzlos aufsteigende Treppe führte hoch ins Innere der Galerie, ein verdammt langer Weg bis ganz nach oben. Obwohl aus simplem Beton, stach dieses Entrée aus der benachbarten Reihe ehemaliger Fabrikgebäude eher unpassend hervor, wie eine Renommiertreppe. In den Schlacht- und Lagerhäusern westlich der 9. Avenue wurde einst Fleisch verarbeitet, doch seit Jahren florierte in den umgemodelten Hallen und Räumen der Kunsthandel. Getreu dem Muster, verlassene Industriebrachen galerientauglich aufzumöbeln und den Charme des früheren Handwerks in künstlerischen Kredit umzumünzen – ein Investorenspiel, das die Gegend demnächst unerschwinglich machen würde. Schwer zu sagen, ob der imposante Aufgang baulich nötig war oder bloß dazu diente, den Besucher durch den mühseligen Parcours von über hundert Stufen demütig zu stimmen. Als kultureller Ort war diese Treppe ein Stück New York, gestaltet vom Temperament eines Galeristen ... Da oben kommt jetzt große Kunst, also benimm dich ... Am Stufenende wartete schon Max.

– Mein lieber Schwan, da habt ihr aber eine geradezu malerfürstliche Treppe –

– Ja klar, schließlich sind wir weltweit die Nummer vier, vom Umsatz her gesehen.

Hinter dem von zwei jungen Frauen besetzten Empfangstresen öffnete sich ein hallenartiger, sieben, acht Meter hoher Raum, passend für großvolumige Objekte. Die gesamte Fläche wurde von der gerade laufenden Ausstellung bespielt. Wir spazierten von einem Werk zum nächsten, kuckten auf weiträumig auseinanderliegende Dinge ... eine übergroße, von roter Masse überquellende Tasse, »The Cup« ... ein fast drei Meter hoher, grob gezimmerter Holzstuhl, »Big Yellow Mama« ... ein von der Decke baumelnder Kranzug, an dem ein menschliches Skelett hing, dazu vier Säulen, an denen die gleiche rote Masse herunterlief, »Pillars« – ein Sammelsurium an Skulpturen vom Küchenstück bis zum Nachbau einer Todeszelle mit frischbezogener Pritsche. Die über Jahrzehnte produzierten Arbeiten eines West-Coast-Malers, kommentierte Max. Eine mittlere Schiffsladung für ein Museum in den Emiraten, dachte ich.

Über die Jahrzehnte hinweg hatte ich eine Menge Kunst gesehen, doch nicht genug, um gebildet mitreden zu können. Der Rausch der Vernissagen war mir stets lieber gewesen, die aufgekratzten Leute, die verfliegenden Gespräche, erste Blicke auf zuvor Ungesehenes, was dem zweiten Blick oft nicht mehr standhielt. Mit zunehmendem Alter hatte sich eine gewisse Ermüdung gegenüber zeitgenössischer Malerei ergeben. Auch dieser Galerie-Rundgang änderte das nicht, zu viel Déjà-vu. Nur über die beiden Großgemälde an den Stirnseiten der Halle sprachen wir länger, zwei kaum unterscheidbare, apokalyptisch grauschwarz zugesprayte Flächen, deren Mitte je ein hellgelb dünner Strich durchzog, »Sonnenaufgang« und »Sonnenuntergang«.

– Mal 'ne naive Frage: Wie teuer käme denn so ein Sonnenaufgang?

– Eine runde Million, und längst verkauft.

– Wohin?

– Nach Wisconsin.

– An wen?

– The Milwaukee Art Museum.

– Augen auf, Wisconsin – Here Comes the Sun …

– Aber nicht for free, allein die Tatsache, dass ein Bild in New York hängt, steigert seinen Wert enorm …

Der Weg in sein Büro führte an einem kleineren Raum vorbei – laut Max ein Salon, der gerade für ein Sammlerpaar bestückt wurde. In Augenhöhe hingen hier für großzügige Wohnhäuser geeignete Formate von verschiedenen Malerinnen und Malern der Galerie.

– Wir schauen uns die bisherigen Ankäufe an und wählen quasi algorithmisch dazu passende Bilder aus, das vereinfacht den Prozess und bestärkt die Leute in dem Gefühl, eine selbstkuratierte Sammlung zu besitzen … Manchmal kocht der Künstler noch am Vorabend für sie, und alle werden Freunde …

Als hätte er damit bereits zu viel gesagt, wechselte er ohne Übergang das Thema.

– Was ist denn mit deinem Auge los?

– Ach, nichts, eine Nervensache … Im Moment seh ich ein Bild halt anders, der äußere Teil erscheint verdunkelt … Es hat einen Schatten, einen Trauerrand –

– Ein Verfremdungseffekt, kann durchaus auch schön sein –

– Ja, besonders, wenn der Maler das schon einbezieht … Katarakte, Netzhauttrübung, bei Älteren laufende Lider, Augpunkt und Fluchtpunkt stimmen nicht mehr überein …

– Na gut, unsere Sammler sind nicht mehr die Jüngsten, aber so eine Inklusionskunst würde unversehrte Betrachter eher verwirren –

– Die haben dann halt noch mehr Deutungsspielraum …

Dem Salon gegenüber lagen die Büros, sechs hintereinander aufgereihte Kammern, wie im Film »Brazil«, für jeden Direktor eine. Laut Max alle gleich groß, etwa acht Quadratmeter, zwei Stühle, ein Tisch, darauf ein Monitor, das war's. In seinem Zimmer begann unsere Unterhaltung zu stocken und bekam das abgedreht Zögerliche, Irrwitzige, das sich bei Gesprächen über Kunst ergeben kann. Vorsichtiger, vielleicht doch misstrauisch geworden, wollte Max keine weiteren Einzelheiten des Galeriegeschäfts preisgeben. Da war es ratsam, sich mit Urteilen zurückzuhalten, seinen professionellen Argumenten würden sie ohnehin nicht standhalten. Der gute Max hatte in der neuen Welt den richtigen Weg eingeschlagen – wie zuvor Nina und Eno. Warum ihn daran erinnern, dass seine Berliner Kuratoren-Karriere vor zehn Jahren mit einer großen RAF-Ausstellung anfing? Warum ihm hässliche Begriffe wie Investitions- oder Kunstmarktkunst vorhalten?

Und warum ausgerechnet hier von der Enttäuschung sprechen, dass die Kunst nach Ende des Sozialismus zu selten zur konsequenten Herausforderung oder wenigstens Kontrollinstanz des Kapitalismus geworden war? Die Zeiten hatten sich wieder und wieder geändert, die Paradoxien blieben.

Wie am Anfang unserer Bekanntschaft redeten wir auf dem Weg zu Marinelli's über das Neueste aus der Bundesliga. Max telefonierte deshalb jedes Wochenende mit seinem fußballverrückten Onkel in Düsseldorf. Nach und nach trudelten die Gallery People ein. Mit großem Hallo und High Five fanden sie sich zu ihrem feierabendlichen Geselligkeits-Sprint zusammen. Ein Kollege von Max, der Hornbrillenträger Marius, begrüßte mich wie einen alten Bekannten – beim Kennenlernen hatte er gesagt: Ich bin in der Nähe von Berlin geboren, in Polen. Er wohnte in Greenpoint, drüben in Brooklyn. Dort hatte ich versucht, eine vor Monaten im Netz gefundene Adresse von Eno zu checken – ergebnislos, unter der Hausnummer befand sich ein Co-Working Space für Journalisten. Wir sprachen kurz über sein Viertel, über die polnisch beschrifteten Läden voller altmodischer Klamotten, mal was anderes. Hier lag auch das neueröffnete, von der Times gewürdigte »Restaurant der Stille«, in dem ein absolutes Sprechverbot für Personal und Gäste galt, bei der sonstigen Lautstärke in Kneipen eine nette Geschäftsidee.

– Kenn ich, das Trappisten-Restaurant, meinte Marius, für die Betreiber ist das auferlegte Schweigen die Rettung, da kann sich keiner über den Fraß beschweren, den die da auftischen. Komm lieber am Samstag nach Brooklyn, dann gehen wir auf den besten 48-Stunden-Rave in Town …

Zur Bestärkung machte er ein paar zuckende Techno-Moves. Wollte der mich auf den Arm nehmen? Ein wochenendlanger Rave? Ein abseitiger Vorschlag für einen Seventy-something, der samstagabends melancholisch danebenstand, wenn in den Straßen das Saturday Night Fever stieg, der die Euphorie der Stunde schmerzlich nachfühlte und sah, wie das Lächeln in die Gesichter zurückkehrte und die aufgebrezelten Ladies mit ihren Kerlen massenhaft ausschwärmten, downtown, endlich weg vom grauen Alltagsernst.

Eine unruhige Tischrunde, draußen vorm Martinelli's, die Besetzung wechselte ständig. Nach Marius setzte sich My-name-is-Frank neben mich. Keiner der jungen Gallery Men, sondern ein Billard-Kumpel, wie Max erklärte, das spätabendliche Spiel mit ihm sei sein einziges Freizeit-Vergnügen. Frank war geschätzte Mitte fünfzig, ein schlicht gekleideter, unaufgeregter Mann mit ausgedünntem Haar, auffällig zunächst durch seine Unauffälligkeit. Doch seine ersten, beiläufig in die Runde gestreuten Bemerkungen deuteten an, dies könnte endlich jemand sein, der meiner aus Literatur, Film und halb vergessenen Begegnungen gebildeten Vorstellung eines gestandenen, weißen New Yorkers entsprach. Natürlich ein medialer Golem der Vergangenheit, der Freud, die Bibel und Das Kapital kannte, gewitzt, schlagfertig, mitunter spleenig bis zynisch auftrat und viel Zeit mit Beziehungsgesprächen in Restaurants verbrachte. Europäisches Bildungsgut unterfütterte seinen Intellekt, während er einem dieser von wem noch gleich so genannten »Berufe des Wahns« nachging, Anwalt, Consulter, Entwickler oder Manager – undurchsichtige Tätigkeiten, in neoliberalen Zeiten bei Gelegenheit gern auch unterhalb des gesetzlichen Radars. Frank wirkte auf mich, als teilte er die heimliche Überzeugung jedes echten New Yorkers, nach der Leute, die woanders wohnen, sich was vormachen.

Auf der anderen Seite des Tisches ging es mittlerweile um den gestrigen Amoklauf. Ein Neunzehnjähriger hatte nahe Los Angeles aus dem fahrenden Auto heraus sechs Passanten erschossen, fünf junge Frauen und einen Mann, Letzteren wohl aus Versehen. Alle hatten den Aufreger des Tages über die Medien mitbekommen, Amerika war jeden Tag ein einziger Aufreger. Der Vater des Jungen war ein leidlich bekannter Actionfilmregisseur, die Mutter Drehbuchautorin, so dass der Sohn über die Jahre schon beim Frühstück harten Stoff aufgetischt bekommen hatte. Seinen Social Media Posts zufolge hatte er verzweifelt versucht, endlich einmal ein Date mit Mädchen seiner Highschool hinzukriegen – keine Chance, er blieb unschuldig bis gestern, als er zur AR-15 griff. Hollywood kam in der Runde auffallend schlecht weg, die Kommentare wurden immer ätzender, bis Frank die Diskussion beendete: An Jungfrauen dürften halt in Zukunft keine Waffen mehr verkauft werden. Punkt.

– And you, fragte er erwartungsvoll gedehnt, what are you doing here?

– Gute Frage … Ich laufe herum und kuck mir Häuser an … und die Tauben, die am Südende des Central Parks die angeschirrt dösenden Kutschpferde beklauen … Sie fliegen mit wildem Geflatter auf deren Fresseimer und picken sich ein paar Krümel Hafer raus, wobei die Pferde mit großen Augen zusehen müssen, bis sie zirkusreif ein Vorderbein heben und unwirsch versuchen, die Tauben wegzuscheuchen … Dabei stupsen sie aber nur vorsichtig mit dem Huf gegen den Eimer, um ihn ja nicht umzuwerfen …

– Schlaue Tiere, aber ein ganz normaler New Yorker Verteilungskampf … Und was machst du, wenn du nicht den Tauben zuschaust?

– Mich interessiert, was vom guten Amerika noch übrig ist, außer den Welttourneen von Bob Dylan und Joan Baez.

– Oh my god, Frank lachte auf, in New York nicht viel … oder alles und noch besser, es kommt halt auf die Perspektive an –

– Klar, gestern stand ein perspektivisches Wohnungsangebot in der Zeitung: 29,5 Millionen für ein Penthouse in Süd-Manhattan –

– etwas für Leute mit Fuck-you-Money –

– und fast fucking steuerfrei, weil sie im Erdgeschoss eine öffentliche Grundschule reinbauen.

Mir fiel der Bauarbeiter aus dem Café »Bone« ein. Als einzige Gäste ohne Laptop redeten wir manchmal ein paar Sätze. Auf die Frage nach seinem Job hatte er gesagt, du kennst doch diese Fotos, auf denen die Arbeiter hoch oben auf den Stahlgerüsten des Rohbaus eines Wolkenkratzers sitzen und ihre Sandwiches essen – das ist mein täglich Brot, wir nennen's Walking the High Steel. Auch bei Regen müssten alle zur Baustelle kommen, und wenn es nach zwei Stunden immer noch regnete, würden sie nachhause geschickt, ohne Lohn für diesen Tag.

– Das höchste Wohnhaus in Town, sagte Frank, eins vom Typ Wolkenflüsterer …

– In den Siebzigern und Achtzigern haben mir die Wolken hier anderes geflüstert, damals war die Stadt offen für alle … jetzt nur noch für Reiche, ein Anschauungsmodell für die perfekte, auf ewig festgemauerte Spaltung der Welt … auch der zwischen schwarz und weiß, dieser Grundfehler der USA, bis heute sieht man kaum gemischte Paare … und in meiner Sport-TV-Kneipe, dem 3 Sheets Saloon, werfen die Wachleute jeden Mittelamerikaner raus, schon beim Reinkommen werden die erkannt und abgefangen, diese verunsichert um sich blickenden, gedrungenen Indios aus Guatemala oder Honduras, mit der Arschkarte im Rucksack –

– Listen to me, als ich acht Jahre alt war, Ende der Sechziger in Texas, brachte ich eines Tages aus der Schule das Wort »Nigger« mit nach Hause, mein Vater sprang aus seinem Stuhl und schrie mich an: Dieses Wort wirst du niemals mehr gebrauchen, hörst du, damit das ein für alle Mal klar ist: Niemals-mehr …

– Trotzdem ist das euer Grundfehler, euer Ex-Bürgermeister Bloomberg prägte den Spruch, New York sei zwei Städte in einer, das arme und das reiche –

– Und der jetzige, der gute Bill de Blasio, widerruft ihn bei jeder Gelegenheit als Bullshit –

– Trotzdem fehlt es nicht an Mängeln –

– Und genau das, my friend, macht das Leben in New York so lebenswert.

Mein lieber Frank, dachte ich, you are American, you never take what you say really seriously …

Max setzte sich zu uns und wies auf das leuchtende Display seines Smartphones. Wir schauten auf ein Foto, das eine freistehende Skulptur zeigte.

– Wem willst du die denn andrehen, fragte Frank.

– Also bitte, sagte Max, ich würde Kunst niemals per Handy verkaufen.

Das Foto, ein Pressefoto, stammte aus einem Artikel in der

Times, auch der offenbar von allen am Tisch morgens gelesen. Was war passiert? Der Boss einer Holding, laut Times »a real estate titan«, hatte im Garten seines Anwesens eine Statue von Damien Hirst aufgestellt. Dieser Titan sammelte hochumstrittene Reiß-ab-bau-neu-Immobilien und teuerste Kunst, eine Spagatbegabung, die ihn in zwei unterschiedliche Kulturen reingrätschen ließ. Er besaß angeblich weltweit die meisten Bilder von Andy Warhol, laut Capote ja die »Sphinx ohne Geheimnis«. Diese hatte den Titan gelehrt, keinen Widerspruch zwischen Kunst und Kapital zu sehen. Der Mann gönnte sich was, was Schönes aus dem obersten Regal, wohl auch als verlogene Selbstabsolution, und wollte das Mysterium seiner jüngsten Erwerbung mit seiner Gemeinde teilen. Die Statue war fast elf Meter hoch und sollte »The Virgin Mother« darstellen, eine nach Hirst-Manier stark vergrößerte, nackte Frauenfigur mit zum Himmel aufschauendem Kopf, pinkfarbenen Brüsten und extrem langen, alabasterfarbenen Beinen, eine weiße Alpha-Mama. Ihr in der Mitte geöffneter Leib gab den Blick ins Innere des Körpers frei, in der Bauchhöhle hockte der Embryo, der ungeborene Retter der Welt, anderthalb Meter groß. Gut möglich, dass der aus Frankfurt stammende Sammler die deutsche Liebe für Gartenfiguren von der alten in die neue Heimat mitgebracht hatte.

Die Gallery People ordneten die Arbeit zunächst kunsthistorisch ein – okay, die Gottesmutter Maria, ein Motiv der italienischen Renaissance, dazu fiel der Name Velázquez … auch der von Tarkowski, der für den Film »Nostalghia« ein Gemälde von Piero della Francesca nachgestellt hatte und aus den Kleidern der schwangeren Madonna einen Schwarm Vögel aufsteigen ließ. Einer erwähnte eine kürzlich gesehene kleine

Flohmarktfigur, die kniende Maria mit einem zerbrochenen Ei auf den Hacken. Durch dieses Gerede wurde mein Unbehagen an der Hirst-Statue noch größer, small talk, big money, der zweigleisige Kulturfahrplan der Stadt.

Max beugte sich mir zu und sagte leise, er habe spontan an seine Freundin denken müssen – seit einiger Zeit sei ihr Kinderwunsch zu einem ernsten Dauerthema geworden.

– Aber was spricht denn gegen ein Kind? Ihr seid doch zusammen hierhergezogen, eure Situation ist optimal … und glaub mir, eines Tages wirst du es bereuen, wenn du darauf nicht eingehst …

– Ach weißt du, sie will so vieles …

Das Skulpturen-Foto und das Gespräch über die Jungfrau Maria hatten auch bei mir einige wunde Punkte in Erinnerung gerufen. Doch das bedrückende Sinnieren über Mutterschaft und vaterlose Kinder wurde von den immer hämischeren Kommentaren der Runde überdeckt, Hirsts Aktie war nun doch hörbar im Sinken … Für Marius war die Statue eine Provokation, religiöse Schmähung und reine Spekulation, bizarr, exzessiv, plastinatorisch gar … dabei hätte der Typ mal ganz gut angefangen … Wenig später fällte wieder Frank das Endurteil: ein schauderlicher Zwitter, Kunst und Kitsch in einem. Punkt.

Der Times zufolge dachten die Nachbarn des Sammlers ähnlich. Sie waren vom Anblick der hochgetürmten »Giantess« nicht entzückt. Nach ihrem Geschmack stünde sie besser vor einem Gebäude der Gynäkologie oder Geburtshilfe. Auf keinen Fall aber passte das Werk zum Charakter ihrer Gemeinde Old Westbury, Long Island, dem nach Palm Springs reichsten Ort der USA, die Vanderbilts, die Whitneys und auch jüngerer Geldadel lebten dort in großzügigen Anwesen. So kam es laut Times dazu, dass eine Handvoll Dörfler ihr demokratisches Feigenblatt hochhielt und eine Bürgerinitiative startete, man sah schon Horden wütender Millionäre mit silbernen Barbecue-Gabeln und geschnitzten Fackeln gegen die Skulptur vorgehen. Als Totschläger musste dann ein täglich an der offenen Frontseite der Statue vorbeifahrender Schulbus herhalten, die Protestbewegung wuchs, öffentliche Hearings und offizielle Beratungen folgten. Schließlich wurde »The Virgin Mother« um hundertachtzig Grad gedreht – und interessierte Schulbus-Kids konnten die nackte Maria ein paar Tage lang von hinten sehen, bis sie unter einem übergestülpten schwarzen Netz verschwand. So war Amerika.

Erst jetzt fragte ich Frank, was ich ihn schon längst fragen wollte: Was er denn so for living machte? Die Frage wurde hier stets als erste gestellt, mit ihr checkten die Leute, wie erfolgreich einer war, um dann zu entscheiden, wie viel Gesprächszeit man ihm zumaß. Frank besaß eine Public Relation Agentur, fünfzehn Angestellte, gute Auftragslage, in Manhattan. Und womit würden sich seine Leute beschäftigen, zum Beispiel morgen Vormittag?

– Mit der Gestaltung einer Kampagne, die philippinischen Studenten beibringen soll, dass Uni-Hockey eine gute Sache ist.

– Eine Kampagne für was?

– Uni-Hockey, eine spezielle Form des Hockeyspiels, gehört zum Standard in westlichen Ländern, dieser Hallensport ist im philippinischen Alltag noch unbekannt –

– Und Uni-Hockey ist das, was auf den Philippinen am meisten fehlt?

– Ich glaube ja, sagte Frank nach einigem Zögern, damit exportieren wir Kultur, wir vertiefen dort den Western Style of Life, dieser Spielspaß wird auch das Leben der Leute da unten bereichern … Die Kampagne war ein Regierungsauftrag, ein Social Upgrading für unsere frühere Kolonie …

Er hatte ein paar Jahre in Washington gearbeitet. Wie zur Bestätigung zog er ein Foto aus der Brusttasche – Frank und Bill Clinton beim Händeschütteln im Büro, kein Selfie, eine amtliche Meet&Greet-Fotografie.

– Tja, wenn's denn der Demokratie dient … sollen die Philippinos halt Uni-Hockey spielen, fürs Shampoo und Duschgel hinterher sorgt euer Procter&Gamble-Laden –

– Sie werden uns dafür dankbar sein … Auch ein Deutscher könnte ein bisschen dankbar sein für all das, was Amerika für euer Volk getan hat, damals nach dem Zweiten Weltkrieg, die Werte der Freiheit eingepflanzt, den Neuaufbau des zerstörten Landes gemanagt –

– Und ich war von Anfang an dabei, wurde als Baby mit eurer rosa Trockenmilch aufgezogen, kurz nach dem Krieg –

– Wer dir Milch gibt, darf deine Mutter sein.

– Okay, Mother Jones, mit fünf hab ich im Wald Cowboy und Indianer gespielt, mit Zinnplättchen im Plastikrevolver und Häuptlingshaube aus selbstgesammelten Federn, die wahre Bedeutung dieses Spiels wurde mir erst dreißig Jahre später klar … mit zwanzig hab ich in der Kaserne gezittert beim NATO-Alarm, hab nach euren Gitarren getanzt, gelernt, mit Bubbles Geschäfte zu machen, so wie ihr, glaubte zwischendurch sogar an Wahlen, und selbst meine Gene schenkte ich euch … yes, hier kommt er, euer amerikanischer Sohn, eyes blind, hands shaking, the flag in the wind … sorry, ein alter Popsong ... Wie sollte ich je gegen euch sein? Moralisch habt ihr unbegrenzt Kredit ... aber selbst unendlichen Kredit kann man verspielen ...

Im Marinelli's war es turbulent geworden – eine Gruppe aufgekratzter Studentinnen aus der nahen Hochschule für Kosmetik feierte das Semesterende, alle farbenfroh auf der Höhe ihres Studiums und voll am Anschlag. Die Gallery People brachen einer nach dem anderen auf. Max und Frank verabschiedeten sich und fuhren Richtung Billardcafé Amsterdam.

Lauf einfach weiter, dachte ich auf dem Heimweg, ignoriere das verdammte Rumoren im Oberstübchen, dieses Nachbuchstabieren der Begegnungen, der gerade verklungenen Dialoge ... Schon erstaunlich, wie schnell Max, Marius und andere die Lektion Amerika gelernt hatten, mit welcher Lässigkeit sie zwischen den Stühlen saßen und der Freiheitsstatue zuzwinkerten. Alles hier war Energie, jede und jeder produzierte oder verteilte oder bewarb etwas, voller Eifer und mit der fraglosen Just-do-it-Mentalität, während die von mir lebenslang bevorzugten Ideale immer nur behauptet und beredet, aber nie eingelöst worden waren. Befangen im skeptischen Widerspruch, konnte ich weniger denn je entscheiden, ob diese New Yorker Lebensweise nicht doch die richtige im Falschen war. Amerika kam mir vor wie eine frühere Geliebte, die sich immer besser darstellte, als sie war, der ich nach langen Jahren einmal wiederbegegnete und die meine Gefühle durcheinanderbrachte, weil wir beide nicht mehr genau wussten, wer wen warum verlassen hatte.

Lauf einfach weiter, bestaune nicht länger die unendliche

Masse funkelnder Hochhäuser, sondern tu endlich so, als wäre der hybride Irrsinn dieser Realität nichts Besonderes, nichts, was dir fremd wäre … I walk the Streets of Moment … Der Wind wehte frisch durch die 23. Straße … Dampf stieg aus den U-Bahn-Schächten … Niemand schuldet dir hier Zeit …

Boris, der Doorman, tief eingesackt im Sessel und am Ende seiner Tagesration Geduld, fragte so pflichtbewusst wie matt: How was your day?

– Oh, ganz okay, sagte ich im Vorbeigehen, ich hatte ein paar Biere mit Freunden in Marinelli's Pastabar unten an der Neunten, und vorhin hab ich mir drüben an der Ecke noch ein leckeres Hot Fudge Sunday geleistet, mein Lieblingseis seit Ewigkeiten.

Einige Tage vor der Abreise nach New York war mir im Hof eine Nachbarin begegnet, eine hochgewachsene, meist mit ihren Kleinkindern beschäftigte Mittdreißigerin. Wir redeten gelegentlich über das harsche Verhalten des Vermieters, in jüngerer Zeit versuchte er mit abcheckenden Hausbesitzerblicken rauszukriegen, ob ich angeschlagener Alt-Mieter nicht demnächst mal verschwände, damit die Wohnung für ihn endlich lukrativer würde. Er unternahm auch nichts gegen den Fahrradklau, der im ungesicherten Hinterhof grassierte. Vor kurzem waren die Frau und ich in derselben Nacht davon betroffen, sie allerdings zehnmal kostspieliger, durch den Verlust ihrer relativ neuen Familienkutsche, einer dieser beliebten Kombinationen aus Fahrrad und vorn angebauter Gondel, in der die Kleinen zufrieden vor sich hin kasperten.

Die Nachbarin trug einen ihrer beiden Söhne auf dem Arm. Mit geballten Fäusten hieb der Junge auf ihre Schulter und heulte und schrie mit aller Energie eines verzweifelten Drei- oder Vierjährigen, auch während unserer kurzen Unterhaltung. Was hat er denn, hatte ich gefragt, und sie, heiter wie immer, sagte nur, ach, nichts – der braucht jetzt seinen Vater …

Der Gefühlsausbruch des Kleinen und ihr gelassener Kommentar lösten bei mir rätselnde Überlegungen aus. Was könnte ein Vater in so einer Situation denn tun? Fuhr er mit dem

Söhnchen zur Beruhigung stundenlang auf der Stadtautobahn herum? Brüllte er scharf zurück? Keine Ahnung. Mit zunehmendem Alter fiel mir auf, wie sich meine Wahrnehmung von Kindern veränderte, wie ein leises Interesse langsam die frühere Ignoranz verdrängte. Merkwürdig. Als wäre das bisherige Leben auf einer völlig anderen, in jedem Fall kinderlosen Spur verlaufen, als würden mir die anthropologischen Weltgesetze mit Verspätung bewusst werden. Erst gealtert sah ich oder wollte sehen, wie die Kleinkinder von etwa drei bis acht ihre Eltern belebten, sie mit Wort und Tat auf Trab hielten, ja oft amüsierten. Die Kids gehörten noch halb zur Natur, ihre relative Unschuld war vermutlich das Erfreuliche. Wenn ich ihnen auf Spaziergängen zuschaute, en passant und ohne näheres Verständnis des Geschehens, überkam mich zunehmend ein Gefühl des Mangels, das sich zwar mit den nächsten Schritten selbstbeschwichtigend verzog, mir aber doch still nachging. Keinen Nachwuchs aufgezogen zu haben, blieb eine der eklatanten Leerstellen der Erfahrung.

Begründungen ließen sich immer finden, klar, die biografische Psychostruktur des Scheidungskindes. Die Mutter weggelaufen, also schon als Baby auf die erste falsche Frau getroffen, als junger Mann zu leicht entzündbar, die neuen Flammen bald verloschen, später das Trauma, jede geliebte Frau wollte wie die Mutter weg von mir, erwachsen geworden in der familienfernen Zeit um achtundsechzig, die Revolution dachte nicht unbedingt an Kinder … In dieser Frage hielt man sich in der Politfraktion gern nah an Marx oder ein Lenchen Demuth … Neues wurde eher in der Subkultur probiert … Aber war das eine bessere Schule der Empfindsamkeit? Einige meiner früheren, gar nicht autoritären Freunde hatten ihre Kleinen von früh bis spät am chaotischen Auf und Ab ihres freakigen Daseins teilhaben lassen, was mich oft genug befremdete. Unvergessen auch das unbehagliche Gefühl anno 72 in San Francisco, als die Greatful Dead beim Konzert vor zehntausend bekifften Leuten mit ihren Babies auf dem Arm die Nacht durchrockten …

Aber wie sollte ich einem Kind erklären, die Pflicht der Vaterschaft verweigert zu haben? Welche Argumente jenseits von fadenscheinigen Ausflüchten gäbe es? Skepsis gegenüber der Familie – geschenkt. Anhaltende postrevolutionäre Verwirrtheit – geschenkt. Dem hedonistischen Zeitgeist unterworfen – geschenkt. Am ehesten ließe sich vorbringen, dass der Wille, sich von anerzogenen Vorgaben zu emanzipieren, der früheste und stärkste Antrieb war. Nichts wie weg, weg von der hilflosen Kleinbürgerei, von deren hemmender, provinzieller Moral, weg vom sonntags aufgetischten Wirtschaftswunderbraten, von den an der Ecke lauernden, ungeliebten Jobs, lieber woanders dabei sein, bloß weg von der Familie, aufbegehren und rebellieren, alles andere würde später kommen …

Doch es kam nicht. Die Familiengründung blieb in diesem Leben auf der Strecke … Also was? Zugeben, dass die permanente Selbstverwirklichung in Wahrheit der pure Egoismus war? Nach uns die Sintflut? – Ja, mein liebes Kind, würd' ich sagen, jeder hat am Ende etwas anderes zu bedauern, und jeder hat 'ne Menge Erklärungen rhabarber rhabarber …

Ein radikal geführtes Solistenleben im Rückblick zu beklagen, war so quälend wie absurd. Zur Zeit meiner eigenen Kindheit gab es für kinderlos Gebliebene nur Spottbegriffe – Hagestolz und alte Jungfer, graustrümpfige Jungfer … Und heute? Für einen alternden Mann, unverheiratet, ohne jeden Anhang, der sich bei Stadtteilfesten unter die Eltern mischte und deren Kindern beim Karussellfahren zukuckte, gab es jetzt nur noch zwei mögliche Rollen: guter Onkel, böser Onkel. Beides nicht mein Fach.

Kaum ein Gespräch mit Freunden, kaum ein Treffen mit guten Bekannten, in deren Verlauf es nicht früher oder später um die Kinder ging. Besonders meine Altersgenossen sprachen stets mit verhaltenem Stolz oder entzückter Verwunderung von ihrem Nachwuchs. Einer der versoffenen Väter erzählte am Stammtisch erfreut, dass sein achtzehn Jahre alter Sohn ihm gestern ein Bier ausgegeben hätte – zum ersten Mal im Leben! Ein anderer regte sich auf, weil sein Teenagersohn zum Papa ins Arbeitszimmer kam und ihm verklickerte, dass er soeben in einer Stunde achtzehntausend Mäuse gemacht hätte – der Junge zockte im Netz und war seither für alles andere verloren. Aber hallo, da würd' ich mich auch gern drüber aufregen. Ein Freund, Philosophieprofessor und dreifacher Vater, musste erleben, dass sein pubertierender Sohn unbedingt Polizist werden wollte – eine überraschende Volte. Der Vater nahm ihn ins Gebet, ob er denn im Ernst bereit sei, für diesen Staat die Drecksarbeit zu übernehmen … Der Junge blieb unerschütterlich und schaffte die Aufnahmeprüfungen. Seine jüngeren Schwestern schrien auf: Voll krass, du ein Bulle, wo wir voll links sind … Und was hatte der Sohn darauf gesagt? Solange ihr auf dem Boden des Grundgesetzes bleibt, tue ich euch nichts …

Mit solchen Geschichten konnte ich so wenig aufwarten wie mit den üblichen Familienfotos. Mittlerweile mussten die Bekannten nicht mal mehr wie früher an der Brieftasche herumnesteln, um die Bildchen ihrer Lieben rauszukramen, sondern zückten nur das Smartphone und wischten unendliche Fotoserien herbei, jede Aufnahme erschöpfend kommentiert, Sohn eins, Sohn zwei, Sohn drei … in einem Fall sogar vier über die Jahre mit vier verschiedenen Müttern gezeugte Kinder, alle verstünden sich gut, auch die Frauen untereinander … na gut, das war ein Ausreißer, ein kernig-stolzer Ungar, der auch der einen oder anderen meiner Begleiterinnen ihren Herzenswunsch ansah und blitzenden Auges signalisierte, ihn von jetzt auf gleich erfüllen zu können … Ja, auch ich würde gern Kinder haben, sagte ich bei solchen Gelegenheiten kleinlaut … ja, auch Enkel, meinetwegen … Auf meinem Smartphone fand sich nur ein halbes Dutzend völlig talentfrei aufgenommener Testfotos vom Ostseestrand. Danach war die Funktion nicht mehr benutzt worden.

Immer öfter verfolgte mich die Kinderfrage jetzt auch bis New York – verstärkt noch durch den nach drei Wochen überraschenden Rückruf von Karla Karl Berbaum, die gleich zu Beginn auf ihre Kinder zu sprechen kam. Sie entschuldigte ihr langes Schweigen mit einem Krankenhausaufenthalt. Nach mehr als dreißig Jahren fiel die erste Orientierung nicht ganz leicht, ihr neuer, transgressiv verdoppelter Vorname war dabei noch die geringste Irritation. Wir sprachen kurz über die gemeinsame Freundin, die bis heute die Verbindung zu uns beiden hielt – eine von mir Doktor Ka genannte Berlinerin, die mit allen Geschlechtern geschmeidig umgehen konnte und meinen New Yorker Aufenthalt bei ihrer Freundin avisiert hatte. Trotzdem rätselte Karla am Telefon, wer ich denn wäre … Du warst so ein großer Blonder und hattest eine Werbeagentur und zwei Töchter, nicht wahr? – Durchaus denkbar, dass sich im Leporello ihrer in Berlin verbrachten Jahre ein blonder Werbearsch mit seinen beiden Töchtern finden ließ … Nicht ganz, sagte ich, aber wir werden sehen. Sie versprach, am Abend bei meiner Veranstaltung in der Stiftung vorbeizuschauen und ihren Sohn mitzubringen. Nach einem Vierteljahrhundert an der Westküste wohnte sie seit einigen Jahren in New York. Zum Glück, wie sie sagte, leben auch meine beiden wunderbaren Kinder hier.

Die ältere Frau, die ein paar Stunden später von Miss Staunton behutsam in den Stiftungssaal geleitet wurde, musste Karla Karl Berbaum sein. Gestützt auf Krücken nahm sie mit Hilfe ihres Sohnes äußerst umständlich neben den Teilnehmern der Sprachklasse Platz. Mein Vortrag ging gerade zu Ende, die Leute diskutierten noch ein wenig untereinander, während Karla und ich hin und her plierten, um mit Mühe, wenn überhaupt, das frühere Aussehen des anderen aus dem Gedächtnis zu kramen, offenbar hatte der göttliche Maskenbildner in den letzten fünfunddreißig Jahren hart an uns gearbeitet. Durch meine Erinnerung geisterte sie als nachtaktive, attraktive Walküre, immer volle Brust voraus, nach allen Seiten offen, ungestüm bis mitunter aufdringlich, dabei enorm sexy und jederzeit präsent in den Cafés und Clubs. Eine Weile in derselben größeren Clique, trafen wir auf dem Westberliner Swutsch des unablässigen Vergnügens häufiger zusammen – sie eine Österreicherin mit jüdisch-amerikanischem Ehemann, der von mir doppelt bewundert wurde, wegen seiner asketischen Arbeit als Wissenschaftler und seinem Gleichmut als Gatte … Um Karlas Affairen machte er keinerlei Aufhebens, wenn wir sie abends abholten, winkte er uns von seinem Schreibtisch fröhlich zu … Er promovierte über Wittgenstein und erkannte vermutlich erst nach langen Jahren, was in seiner Ehe der Fall war. Nach der späten Scheidung kehrte Karla aus Kalifornien in den Osten zurück … neu in Manhattan mit Mitte sechzig … körperlich vorübergehend oder final lädiert, das Gesicht voller geworden, dazu eine millimeterkurz geschnittene, grauhaarige Seniorinnenfrisur – eine ganz andere Karla, keine Ahnung, die Begegnung machte mir erneut mein fortgeschrittenes Alter klar. Auch Karla sah mich nicht unbedingt wie einen großen Blonden an, der mal eine Werbeagentur geführt und sie vielleicht verführt hatte.

Wir begrüßten uns freundlich, doch ohne Umarmung. Sie stellte mir ihren Sohn Russell vor – einen schlaksigen Mittzwanziger mit schulterlangem, dunklem Haar, bemerkenswerterweise ohne Bart. Karla, keine Zauderin, sprudelte gleich los und übernahm die Initiative … Schon die ersten Sätze halfen meiner Erinnerung auf die Sprünge. Auch in unserer gemeinsamen Zeit hatte sie gern die Richtung vorgegeben, wenn die Clique mal wieder nicht wusste, wo es langging. Oft genug löste sie unklare Situationen spontan und unterhaltsam auf, weil sie binnen Sekunden vom pseudo-echauffierten Wiener Schmäh zu begeisterten Aussprüchen wechseln konnte.

– Diese Scheißhüfte, erklärte sie entschuldigend, die haben sich da einen schweren Fehler geleistet und mussten dieselbe Hüfte ein zweites Mal aufmachen, nochmal hinein, nochmal das ganze Programm, ein himmelschreiender Blödsinn – diese Orthopäden sind die Dandys unter den Ärzten, nur ihren Porsche im Sinn und das melancholische Wochenende mit ihrer Pferdezucht draußen auf dem Landsitz in East Hampton.

– Verdammt ärgerlich, sagte ich, wenn die Ärzte so unter ihren Möglichkeiten bleiben – dann besser ins Netz gehen, sich in die Problematik einlesen und am besten selbst zum Barfuß-Arzt werden … wie bei Maos Kulturrevolution, wo die gut verdienenden Mediziner verfolgt wurden und stattdessen jeder randurfte, auch ohne nähere Kenntnisse …

Während sie sich weiter über die unfassbar gierigen Ärzte aufregte, glaubte ich, wie oft bei solchen Erzählungen, durch den Stoff hindurch auf frische Wunden sehen zu können, auf das gerinnende Blut, die ins Fleisch stechenden Knochen – zu viele Live-TV-OPs gekuckt. Bevor ich wieder etwas sagen konnte, war sie schon beim nächsten Ärgernis.

– Fast zwei Stunden hat das Taxi gebraucht, um im Stau von der 120. Straße hier runter zur 4. zu kommen, der Fahrer war noch nie so weit südlich, wieder einer ohne Englischkenntnisse … die Typen fahren immer nur da oben im Nahverkehr herum, von Harlem zur Bronx und zurück, läuft alles auf Spanisch –

– Und du wusstest nicht mal, für wen du diese Strapaze auf dich nimmst –

– Aber eure Managerin hier in der Stiftung war okay, sie hat mich hier sofort reingelassen, ohne Probleme, nette Frau.

– Etwas anstrengend, die Dame …

– Verstehe, sagte Karla, du meinst, sie hat zu viel Macht für eine Frau.

– Das hab ich nicht gesagt … Es hakt bloß zwischen uns, ich bin ihr wohl nicht prominent genug … Als die Frau Direktorin vorgestern Isabella Rossellini zum Vortrag über ihre Hühnerzucht ankommen sah, lief sie der Lady hundert Meter auf der Straße entgegen …

– Und?

– Na gut, so wird halt ein Star empfangen …

Im Grunde machte die Frau bloß ihren Job, wie viele andere auch. Schwang einfach im Kulturbetrieb mit, ein eigener Kern wäre da eher hinderlich.

Wir verließen die Stiftung und gingen zu einem Japaner an der nächsten Ecke. Unsere anfängliche Verlegenheit war bald verflogen, und nach Wochen des Alleinseins genoss ich es, als Teil einer heiteren Gruppe wie selbstverständlich über ein kurzes Stück Straße zu flanieren, kostbare Momente der Normalität in einer Stadt, in der Blicke ins Gesicht eines Passanten bereits als Tabubruch galten.

Das Lokal war überfüllt wie die meisten Unter-20-Dollar-Restaurants der Uni-Gegend, der Besuch Ausgleichssport auf engstem Raum ohne Beinfreiheit. Als offenbar trainierter Gast übernahm Karla die Bestellszene mit raumgreifender Gestik, als stünde auch eine gestandene Seniorin noch unter dem Druck, sich stets lautstark und schnell durchsetzen zu müssen. Doch ihr New Yorker Nachdruck war hier überflüssig, bei den japanischen Kellnerinnen klappte alles wie am Schnürchen. Wir aßen das mehr oder weniger gleiche, stengelige Gartengestrüpp aus großen Suppenschüsseln. Ich erzählte, dass ich gestern beim McDonald's unten an der Sechsten gewesen wäre.

– Zum Essen?

– Nein, zum Pinkeln. Endlich mal ein Ort, der noch aussieht wie in den Achtzigern, ein angebrutzelter Burgerladen, gut geeignet für die ramponierten Bums der Gegend. Die stürzen geruchsstark ins Lokal und wollen gleich auf die Toilette, was dann an der Gnade des Keepers hängt, aufsperren, rein, es dauert … An der Wand hängt ein Schild: Seating Time 20 Minutes.

– Oh Gott, sagte Karla, das ist jetzt viel zu realistisch.

– Wieso, zwanzig Minuten, reicht doch, sagte Russell.

Viel länger wollte er hier auch nicht bleiben. Er studierte Germanistik und bestand darauf, mit mir deutsch zu sprechen – ein holpriges Deutsch mit längeren Pausen, als blätterte er im Kopf in einem Dictionary. Im Studium arbeitete er an einem Aufsatz über Thomas Mann, Tod in Venedig, und wollte wissen, ob ein Werkvergleich mit Gustav Mahler okay sei – Isser, sagte ich, später mehr.

– Der Junge hat sich vor ein paar Tagen einen neuen Anzug gekauft, sagte Karla, für tausend Dollar, dieser Hipster.

Wir lachten alle drei … Hipster, das Reizwort. Frau Staunton hatte mir allen Ernstes den Besuch von Williamsburg empfohlen, dem Hauptquartier der Rebel Consumers, voller Hipster-Cafés und Hipster-Läden, in denen die vom Broadway-Shopping weggelockte Provinzjugend vegane Sandalen und inklusiven Schmuck bestaunte. Schon äußerlich passte der Begriff nicht auf Russell. Seine verwuschelte, jungenhafte Frisur war jenseits aller Moden, und auf Mamas Provokation reagierte er eher belustigt.

– Du wirst sehen, Mom, demnächst werden ganze Semester an der Uni in Tausend-Dollar-Business-Anzügen herumlaufen.

Jeder Wortwechsel, jeder Blick, jede kurze Berührung verriet, wie sehr Mutter und Sohn einander zugetan waren. Sie verstanden sich. Den meisten ihrer Frotzeleien folgte ein Heiterkeitsausbruch. Bedauerlich nur, dass sie untereinander Englisch sprachen, und das im Tempo einer Sitcom. Keine Chance für mich, ihrem Pointen-Feuerwerk zu folgen, zumal er einen Digital-Native-Slang draufhatte, der aus mehrsilbigen Wörtern durchweg ein-, höchstens zweisilbige Steno-Snippets machte. Umso schneller rasselten seine Minuten vorbei, schließlich lag noch der weite Heimweg nach »Brook« vor ihm, zuerst mit der »Sub« nach Norden, irgendwo stand das »Bei«, danach wieder zurück, über die berühmte Brücke zu seiner Freundin »Bri«, und morgen früh in die »Bib«.

– Mensch Russell, sagte ich, deine Stummelsprache, kannjawoniwasein.

– Der Junge hat im letzten Monat sechstausend Dollar gemacht, stellte Karla klar, mit drei Jobs, an der Uni, für eine Band und als Digital Boss in einem kleinen Theater … Früher haben die Jungs für ein paar Cents Zeitungen in die Vorgärten geworfen …

– Dann sind tausend Dollar für dich ja Peanuts, Russell, und ein guter Anzug bloß ein Gag …

– So was muss man in der Hinterhand haben, bis zur nächsten Revolution kann es hier noch dauern …

Ein Sohnemann mit besten Startbedingungen, er verabschiedete sich bald. Seine Schwester Louise Kamala hatte angerufen und ihr verabredetes Kommen abgesagt. Karla und ich blieben noch eine Weile sitzen.

– Da haben wir Glück, sagte sie, normalerweise wird dir in diesen Lokalen schon der Teller weggerissen, während du den letzten Bissen noch im Mund hast … Wer länger bleiben und quatschen will, muss ein paar Scheine drauflegen … in europäisch orientierten Restaurants dagegen …

Einmal in Fahrt gekommen, verdichtete sie ihre Stoßseufzer zur Generalkritik am New Yorker Way of Life. Sie könne es einfach nicht mehr ertragen, ständig würde einem irgendein Scheiß aufgedrängt, die endlich trinkbare Sonnenschutzcreme, Soylent-Brei-Pulver, Eis mit Olivenöl oder Bier, Hunderegenhüte, der bei Buchkauf gewährte Garantiesitzplatz im Barnes&Nobles-Café, die luxuriöse Verödung einer sich im permanenten Größenwahn selbst beweihräuchernden Stadt, hoffnungslos überfüllt und teuer …

– Jeder Atemzug hier kostet dich zehn Dollar … Und das Getue der Leute, ihr ewiges Party-Gequatsche, nicht mehr auszuhalten, diese mit gehobener Stimme gesingsangten Formeln geheuchelter Empathie: Oh my god, how are you, oh that's fine, that's really wonderful, oh my god, you look so good, it's so wonderful, yes really wonderful, I can't believe it …

– Überall wo ich meinen Arsch hinstellen will, steht schon ein anderer Arsch, schloss Karla Karl ihre Suada.

– Na gut, du willst eben nicht dazugehören, zur großen New Yorker Arschgemeinde. Nimm dir mal 'nen Therapeuten –

– Hör auf, ein Therapeut … der lässt dich 45 Minuten quasseln und macht nen Haufen Kohle damit, dass er am Ende sagt, ach meine Liebe, bitteschön, Sie machen es sich viel zu schwer … Jeder spielt sich hier als Papa auf, Politiker, Prediger, die Mafia und die Medienonkels –

– Ich auch, sorry –

– Nee, nee … I don't want to be here anymore –

– Das ist doch eine New Yorker Gedichtzeile … Oder eigentlich sogar ein ganzes Gedicht, von John Giorno, von ihm zehn, zwölf Mal in den Saal gebrüllt, ein mir unvergesslicher Auftritt, im Winter 80, bei einer Benefiz-Lesung für die abgebrannte Lyrik-Kirche von Anne Waldman, der Fast Speaking Woman –

– Dieses Gedicht brüll' ich auch zehn, zwölf Mal ganz schnell hintereinander, in meine Küche hinein, jeden Tag …

Nach über dreißig Jahren in diesem Land schien Karla Karl ziemlich amerikamüde. Hatte sie ihre Grenzen erkannt? Fühlte sie sich in die Enge getrieben? Oder war es nur eine vorübergehende Verstimmung? Über die Malessen des Alters, den Überdruss, die notorische Oberflächlichkeit der Leute? Was konkret nur heißen konnte, dass sie im kompletten menschlichen Durcheinander hier außer ihren Kindern nicht die Richtigen gefunden oder sie im Lauf der Zeit verloren hatte. Doch kannte ich sie zu wenig, um über Vermutungen hinauszukommen. Unterdessen fuhr Karla fort, ihre Abwanderungspläne zu bekräftigen … Wieder jemand, der in aller Offenheit seine Absichten beschrieb und dabei das Wichtigste verschwieg.

– Ich werde alles verkaufen, sagte sie schließlich, und dann verschwinden, am Sonntag kommen erste Interessenten für meine Dachwohnung zum Walk-in, die Kinder werden dabei sein … Es ist vorbei … Ich will hier weg, ich will zurück nach Europa, nach Berlin oder Wien …

Die befremdliche Unwirklichkeit ihrer sechsten oder siebten Wahlheimat schien mittlerweile ihre Nerven zu zerrütten. Aber wer nicht alles wollte hier weg, manche erzählten, dass sie seit Jahrzehnten daran dächten. Über New York reden hieß schließlich, über sich selbst und die Welt zu reden – mit drei, vier Riesling in der Birne tat sie das vielleicht nicht im besten Moment.

Beim Einsteigen in ein Bestell-Auto mit ihr vertrautem Fahrer murmelte sie nach dem Abschied leise vor sich hin, bei den langen Taxifahrten durch die Stadt würde sie oft plötzlich in Tränen ausbrechen.

Nur Tage danach trafen wir uns im East Village – Karla Karl hatte sich dort hinbringen lassen und brauchte Begleitung für ein paar Einkäufe. In ihrem elektrischen Rollstuhl bretterte sie sofort schneidig los, mich im Schlepptau in Richtung Avenue B, wo auf dem brachliegenden Parkplatz hinter einer schmuddligen Markthalle nigerianische Händler ihre Ware anboten, die üblichen Holzschnitzereien, Schmuck und Kleidung, ein mobiler Basar bizarr. Nach etlichen Anproben und Palavern kaufte sie drei Mäntel. Am besten gefiel ihr eine wüstenrot gefärbte, steiflederne Kuhhaut in Originalgröße mit aufgemalten, beninschen Hieroglyphen – ein Kostüm, das sogar in Lagos ein Hinkucker gewesen wäre.

– Und warum gleich drei Mäntel?

– Weil ich drei Wochen im Krankenhaus lag, drei lange Wochen konnte ich überhaupt nichts kaufen.

Anschließend gingen wir noch in ein von Laptop-Workern besetztes Café in der zweiten Avenue.

– Nicht so schön belebt wie die Cafés früher in Berlin.

Karla Karl hatte sich offenbar Gedanken über ihre dort verbrachten Zeiten gemacht.

– Erinnerst du dich an den tollen Saal in dieser Hotelruine am Potsdamer Platz?

– Ja, dunkel, das Haus war weggebombt, nur der Saal stand noch, das Esplanade, da hörten wir manchmal Vorträge von den Franzosen –

– Genau … Und erinnerst du dich an den einen Abend mit diesem … Derrida?

– Dunkel, Deleuze oder Derrida, die ganze Truppe war da –

– Und wie ging's danach weiter?

– Keine Ahnung.

– Es ging in die Wohnung von einem blonden Kerl …

– Ah, der große Blonde mit der Werbeagentur –

– Nicht so groß, eher so groß wie du –

– Ach ja, keine Ahnung –

– … in eine ziemlich freakige Bude, überall ausgelegte Matratzen und Gardinen aus zusammengetackerten Mülltüten, in Schöneberg …

Die von ihr beschriebenen Details der Wohnung irritierten mich. Matratzenlandschaft, Mülltüten vor den Fenstern … das kam mir irgendwie bekannt vor … auszuschließen war nichts.

– Sowas gab's, freakige Bude à la mode … klar, 77 oder 78, Punk … kurz, aber heftig.

– Und genau das war's, was ich nicht wollte, ich wollte Liebe, keinen Sex, und habe die Wohnung fluchtartig verlassen, der Typ hat einfach nichts begriffen, der kam mir im Bademantel noch bis auf die Straße hinterher … zu spät –

– Wie komisch, keine Ahnung … tja, Derrida, posthistoire, no future, das Ende der Geschichte …

Karla Karl wollte nicht weiter über die Geschichte reden. Sie wollte die Dinge in der Schwebe lassen. Und mich verschonte die Erinnerung einmal mehr vor zu deutlicher Genauigkeit. Leicht verwirrt tranken wir unseren Kaffee und streichelten die lederne Kuhhaut … Ein irres Teil, sagte ich noch, ehe Karla Karl die neuen Klamotten zusammenpackte und ihren vertrauten Abholdienst anrief.

Mittags hockte ich wieder meditativ am Fenster, im Blick den Dachsportplatz des tiefer liegenden Fitnesscenters … in praller Sonne heute wie das Oberdeck eines verirrten Kreuzfahrtschiffs, nur das monotone Plock-Plock zweier Tennisspieler drang durch die Scheiben. Was tun? Ins Netz flüchten? Ein paar Notizen oder die Fingernägel machen? Unmöglich, das Kopftheater, den divergierenden Gedanken-Mix aus hier und heute, dort und gestern, auf die Reihe zu bringen. Vor mir auf dem Tisch lag immer noch der mitgebrachte kleine Stapel mit Briefen und Postkarten von Nina – im Abstand von Jahren über den Atlantik geschickt. Nach meiner Ferndiagnose tendenziell auf Durststrecken nach Trennungen geschrieben, obwohl sie in keinem ihrer Briefe einen Mann erwähnte.

Also wieder hinein in die Vergangenheit … Eine der bittersüßen Alterserscheinungen war das Sich-Erinnern an Gesicht und Gestalt einer Person, an Details und kurz aufblitzende, innige Momente … Eyes Wide Shut … Bildsequenzen ohne zugehörigen Ton, ohne das Geflüster, Gelache und Geseufze, das einen einst hingerissen hatte. In manchen Songs kehrte es als fernes Echo noch einmal zurück … love to love you, baby … Erinnerungen, dachte ich, sind wie diese im Schrank aufbewahrten Klamotten, die bei aller Liebe nicht mehr so recht passen, weder dem Körper noch der Zeit. Im Grunde waren es unvergessene Gefühle, an die sich jemand erinnerte – und aus den mitaufsteigenden Geschehnisfetzen ließ sich dann eine subjektive Geschichte zusammendichten. Dafür lieferten Ninas Briefe weitere Anhaltspunkte, nie genug beachtete Aspekte unserer Beziehung, mit der ich irgendwie ins Reine kommen wollte. Aber wie sollte das gelingen? Wer war wovon zu überzeugen?

An einen lang zurückliegenden Abend konnte ich mich besonders deutlich erinnern. Für ein paar Tage besuchsweise in Hamburg unterwegs, hatte ich aus purer Nostalgie einen Abstecher ins Nach Acht gemacht. Was erwartete man eigentlich von einer verlassenen Stadt? Ein Dacapo, die Wiederkehr einer gelungenen Lebensphase? Als ein Zweiundzwanzig-, Dreiundzwanzigjähriger hier hereinschneite, mit der ersten Liebes- und Sexlehrerin Régine, mit den vielen Freunden, den zu der Zeit unbegrenzt scheinenden Möglichkeiten ... Auch Nina kam mir hier wieder in den Sinn ... Solo und unbeschäftigt stand ich wie einst am Tresen und entdeckte auf der Tanzfläche im hinteren Raum eine Bekannte – Uscha, ein schwer attraktiver Wildfang und kurzzeitiges Gespusi von Freund Diddi. Soweit mir bekannt, war sie als fanatische Segelbraut ebenfalls in die Karibik aufgebrochen, zur gleichen Zeit wie Nina vor etwa zwei Jahren. Als ich auf dem Weg zur Toilette an der kleinen Tanzfläche vorbeikam, unterbrach Uscha ihren Tanz und wollte mir, direkt und aufgedreht wie immer, unbedingt etwas verklickern.

– Ja, mein Alter, sagte sie, da hast du aber ein sehr schönes Söhnchen hingekriegt, ein süßes Kind, blondgelockt ... der Kleine macht sich gut, da unten in Negril ...

Im selben Augenblick erfasste mich ein Schwindel, der Raum, die Tanzenden, alles ringsum drehte sich immer schneller … im Taumeln griff ich nach der nächsten Tischkante und sackte in einen der Sessel … Uscha tanzte weiter und lächelte zu mir herunter. Sobald es ging, verließ ich grußlos das Lokal. Draußen auf der Straße schrie ich wie ein manischer Wanderer meine Klage in die Nacht – nein, oh nein, das darf doch nicht wahr sein … unglaublich, unfassbar … teuflischer Plan … einfach irre … was für ein Wahnsinn … nein, nein, nein, nein, nein … Passanten schauten mich belustigt an.

Uschas letzte, im Abdriften gehörte Worte hallten unter meiner Schädelplatte noch wie Dub-Effekte nach … Alle lieben deinen Sohn, er kann schon laufen … Eno heißt er.

Nina selber brauchte dann noch über ein Jahr, ehe sie mir per Brief die Geburt unseres Sohnes mitteilte, als wär's eine erfreuliche Familienneuigkeit. Über ihren Abtreibungsbluff verlor sie kein Wort. Offenbar nahm sie an, dass ich via Buschtelefon schon Bescheid wusste. Ein gesundes, fröhliches und optimistisches Kind, schrieb sie, mit dem sie mehr als glücklich wäre. Eno sei Everybodies Darling, die Freunde und Gäste kümmerten sich um ihn, er könnte in Negril wunderbar aufwachsen … »Du musst dir also überhaupt keine Sorgen machen – auch im rechtlich finanziellen Sinne nicht, in der Geburtsurkunde taucht dein Name nicht auf, der Eintrag im Standesamt lautet: Vater unbekannt.« Ansonsten wäre sie mit der Situation hier weniger zufrieden, schrieb sie noch – über das Treiben im Café »Ninas Place« hieße es im Ort nur, ach, komische Leute, diese Crazy Germans.

Seinerzeit hatten mich Ninas erste Beschreibungen stark beschäftigt, gerade weil sie nicht allzu viel hergaben. Unter welchen Bedingungen lebten sie dort in Negril und wie wuchs

Eno auf? Wer kümmerte sich um ihn, wer waren diese »Crazy Germans«? Wurde er mit Reggae ins Bett gebracht oder sang ihm ein Crazy German deutsche Lieder … »I shot the sheriff« aus dem Kassettenrekorder oder »Im Frühtau zu Berge wir zieh'n, fallera« – das passte ja zum morgens aufsteigenden, milchweißen Dunst, der unter den Baumwipfeln des Dschungels hing … Wer nahm Eno auf den Schoß oder huckepack? Wer erklärte ihm Sonne, Mond und Sterne? Wer brachte ihm das dort notorische Dominospiel bei? All diese Vaterdinge lagen mir so fern wie Jamaika … doch über die Ersatz-Papas hätt' ich schon gern etwas gewusst. Keine Ahnung, nichts rauszukriegen, außer den flüchtigen Eindrücken des einen oder anderen Bekannten, der nach kurzem Besuch von dort zurückkehrte. Natürlich hausten wechselnde Männer auch über längere Zeit in »Ninas Place«. Hippies aus Berlin oder Studis aus Toronto, die sich mehr für eine blonde, crazy Germanin interessierten als für deren Kind.

Erst drei, vier Jahre später kam ein weiterer wichtiger Brief von Nina – offenbar die Antwort auf einen vorangegangenen von mir, den sie zigmal »von einer Seite des Schreibtischs zur anderen geschoben« hätte. Zu meiner Überraschung lebten die beiden mittlerweile in Atlanta, Georgia, einen Grund für den Umzug nach Amerika nannte sie nicht. Der neue Doppelname Jepsen-Harris verriet eine Eheschließung, die ihre Einwanderung ermöglicht haben könnte. Ihr Leben, die Rasanz seiner Veränderungen, ließ sich zwischen den Zeilen nur erahnen, wie auch das zu vermutende Ende ihrer Ehe mit dem beharrlich unerwähnten Mister Harris. Ninas Sorge galt einzig Eno. In seiner Schule hätte es eine »Roots-Woche«

gegeben, in der die Kids aufschreiben sollten, woher Eltern und Großeltern stammten. Wer sein Vater sei, würde Eno wissen, schrieb sie, und er wüsste auch, warum wir nicht zusammenlebten. Ja, mein Kind, warum wohl, dachte ich, weil deine Mutter ihre weitläufigen Pläne durchziehen musste … Okay, beim letzten Treffen vor ihrer Auswanderung hatte sie »nur um sicherzugehen« gefragt, ob ich mir nicht auch eine neue Existenz in der Karibik vorstellen könnte … Immerhin, schrieb sie, konnte Eno in der Roots-Woche seinen Vater benennen, bei den ebenso erwünschten Namen der Großeltern väterlicherseits wäre er jedoch in Erklärungsnot geraten. Diese amerikanische Standardfrage nicht beantworten zu können, hätte bei ihm als »überdurchschnittlich intelligentem Kind« eine ernste Krise ausgelöst. Nina beklagte das und wollte, dass ich mit ihr unbedingt Kontakt halten sollte. Und sie verlangte noch mehr – meine Bereitschaft, Eno zu schreiben, ihn zu sehen und mit ihm zu sprechen, »wenn er ein Verlangen danach ausdrückt. Am besten wäre es, du kämest schon baldmöglichst mal hierher nach Atlanta.«

Mal eben nach Atlanta jetten, um den unbekannten kleinen Sohn kennenzulernen, schon damals eine heikle Vorstellung. Aber wie wäre damit umzugehen gewesen? Ninas Aufforderung setzte mich unter Druck. Ihren Brief hatte ich ähnlich lange auf dem Schreibtisch hin- und hergeschoben wie sie meinen, ehe es zu einem Entschluss kam. Um sie zu beruhigen, schrieb ich, dass mir als Flüchtlings- und Scheidungskind das Gleiche passiert wäre wie jetzt Eno, bloß, dass in einer deutschen Grundschule der sechziger Jahre niemand nach den Roots der Großeltern gefragt hätte. Zur Klärung dieser und anderer Fragen in Atlanta zu erscheinen, würde mir aber schwerfallen – ganz abgesehen von meinem klammen Westberliner Leben zwischen Low- und No-Budget. Was überhaupt sollte es einem kleinen Jungen bringen, wenn ein fremder Mann für vierzehn Tage als Überraschungsvater bei ihm auftauchte und dann wieder in die weite Welt verschwände, das würde seine momentane Verwirrung nur vergrößern … Um meine Bedenken verständlicher zu machen, erinnerte ich Nina an die ihr eines Nachts erzählte Geschichte von meiner verstörenden Begegnung mit der Mutter, die mich als vier Wochen altes Baby beim Vater zurückgelassen hatte. Elf, zwölf Jahre nach dieser Aktion war sie von Schuldgefühlen geplagt herbeigereist und bat nun um ein Treffen mit dem Sohn. Der ließ sich, stumm-steif wie ein Besenstiel, von einer fremden, rothaarigen Frau in einem Braunschweiger Hotel umarmen, ohne auch nur das Geringste zu empfinden. Mit der nach längeren, entrüsteten Erzählungen von meiner Lieblingstante gebrauchten Redewendung beendete ich den Brief: Und nun, liebe Nina, kommst du.

Sieh es nicht so kompliziert, antwortete sie, wir Deutschen sähen solche Sachen immer gleich als Drama, Amerikaner fänden es bloß »interessant«.

Durch ihre Schilderungen wurde die Vaterschaft zu etwas Konkretem, wo sie bisher nur ein gelegentlich auftauchender Gedanke gewesen war, und es wurde zur betrüblichen, nicht länger zu ignorierenden Tatsache, dass Eno einen ähnlichen Schicksalsweg wie ich zu meistern hatte. Auch ihm fehlte beim frühkindlichen Aufwachsen ein Elternteil. Im Falle eigener Kinder hatte ich genau das unbedingt vermeiden wollen, ein nunmehr obsoleter Vorsatz. Für die Konsequenzen war ich mitverantwortlich, Enos Probleme mit der Großelternfrage machten das auf sinnfällige Weise klar ... Ein Menschlein scheiterte in der Schulstunde, sein kindlicher Optimismus bekam eine Delle. Die Vorstellung dieser Situation rührte mich und belastete mein Gewissen. Zum ersten Mal überkamen mich Schuldgefühle gegenüber Eno, die schwer zu verdrängen waren.

Umso mehr freute mich nach einigen belanglosen Postkarten Ninas nächster Brief, der wieder Wichtiges enthielt. Eno wäre dabei, einige Klassen zu überspringen und die Schule vorzeitig zu beenden, schrieb sie ... und da die guten Universitäten hier dreißig- bis vierzigtausend Dollar pro Jahr kosteten, stünde so gut wie fest, dass er in Deutschland zur Uni gehen und spätestens dann auch seine Roots erforschen würde ...

Wenn es so weit ist, antwortete ich, werde ich mich selbstverständlich um ihn kümmern. Meine Wohnung ist groß genug, er kann bei mir leben und in aller Ruhe studieren – ich freue mich darauf.

Ihr Brief war, wie üblich, nach längerem Schweigen gekommen und bezeugte ihre extreme Vorsorglichkeit. Eno dürfte zu dem Zeitpunkt neun oder zehn Jahre alt gewesen sein, was meine spontane Bereitschaft nach kurzer Berechnung noch bestärkt hatte. Damals konnte ich nicht ahnen, dass dies der letzte Brief war, den ich von Nina erhalten würde.

Die Lektüre dieser Post, die ich nun fast zwanzig Jahre später auf meinem New Yorker Interims-Schreibtisch hin- und herschob, wühlte den abgelagerten Konflikt wieder neu auf. Und doch blieben die so heraufbeschworenen Erinnerungen und Reflexionen letztlich nur ein ratloser Versuch, vor einer kommenden und bang erwarteten Begegnung mit Eno etwas Gemeinsames, ein glaubhaftes Familienmärchen herbeizufabulieren. Für den Moment ergaben sich aus Ninas vom Leben überholten Briefen keine weiteren Handlungsmöglichkeiten.

Natürlich kamen auch von Karla bald die unliebsamen Fragen, die unter alten, sich nach Jahren wiedertreffenden Bekannten unvermeidlich waren.

– Und wie sieht's bei dir aus, wie viel Ehen liegen hinter dir? Wie viele Kinder hast du?

– Du hörst mich zögern …

– Also, was denn nun, ja oder nein?

– Ja, doch, eins – aber ich bin standesamtlich nicht eingetragen … »Vater unbekannt« …

– Was ist denn das für eine Formulierung, wie alt is' es, wie heißt es, wo lebt es?

– Einen Sohn hab ich, Eno, er ist Amerikaner, längst erwachsen.

– Nicht zu glauben … wie kam das denn zustande?

– Tja, wie kommt sowas zustande … im Bett natürlich, blindlings durch die Nacht, volles Rohr … gesteuert auch von einer langen Linie weißen Pulvers … von lieber Frauenhand als Köder ausgestreut …

– Oh my God, ein Kokskind.

– Davon weiß es hoffentlich nichts, die Mutter hatte es halt darauf angelegt … auch nicht so ungewöhnlich …

– Ach, Pappalapapp, sagte Karla ungehalten, diese Rabenväter … Dreißig Jahre lang wollen sie mit den Blagen nichts zu tun haben, und jetzt will so einer wie du wissen, was aus seinem Kind geworden ist, will sich bestätigen lassen, wie toll die eigenen Gene sind … du eitler, alter Sack …

– Die Gene sind okay, ausgenommen das PMP 22, vielleicht auch das CMT1B …

– Bullshit, Frauen sind keine Petrischale für eure Experimente, kein verdammtes Samenklo für solche wie euch.

– Die Geschichte ist aber doch etwas komplizierter …

Ich versuchte, Karla mehr zu erzählen, von der Leichtfertigkeit jener Nächte, dieser besonderen, wie aus der Zeit geschnittenen Episode, als die Heroes in die Horizontale drängten, das Kondom weder einfach noch doppelt übergestreift wurde, sondern ungenutzt irgendwo liegenblieb, und La Droga die kleinste Berührung zum Ereignis machte, mancher sich das Koks gar zur Vereisung auf die Penisspitze tupfte, um das schöne Spiel noch zu verlängern … Sex als passimes Passepartout, das sonstige Defizite im Nirwana überdecken sollte – aber wem erzählte ich das? Karla hing ja damals selber voll mit drin, Karl übrigens auch schon. Trotzdem hörte sich mein glorioser Sermon jetzt irgendwie selbstgerecht an, wie ein untauglicher Versuch, die Verantwortung dem Zeitgeist zuzuschieben, mit Ian Durys und Bowies Pop-Hymnen als billig herbeizitierten Entlastungszeugen. Lang her, all das war lange her. Heute blieb der ramponierte Held interessiert an Baustellen stehen, das feuchte Fleisch der Erde waren jetzt Grabenspalten im Asphalt. Darunter kein Strand, nur leere Rohre, Kabel, Gas, Wasser, Strom, Breitband.

– Du brauchst dich nicht zu rechtfertigen, sagte Karla Karl nach einer längeren Pause, wer sich rechtfertigt, klagt sich an … Aber wenn du schon mal hier bist, solltest du dich um deinen Sohn kümmern, er wartet darauf, du musst es tun.

Man kann auch alles lassen wie bisher, dachte ich.

Am nächsten Regennachmittag ploppte eine E-Mail auf meinem Aldi-Laptop auf, mit exakt demselben Signal-Klingklang wie beim Ein- und Ausschalten des stiftungseigenen, kleinen Panasonic-Fernsehers. Die Nachricht kam von Andreas Büdinger, spätnachts in Deutschland geschrieben. Er hätte erst mit einiger Verspätung vom Tod unseres ehemaligen Mitgründers Achim Bekurz erfahren. Auch wenn der Kontakt vor Jahren eingeschlafen wäre, würde er dessen Ableben doch tief bedauern. »Also leg bitte auch in der Ferne eine Gedenkminute für unseren Herrn Bekurz ein.«

Die offiziöse Anrede missfiel mir. Büdinger gebrauchte sie schon vor Jahrzehnten, wenn er in gespielter Chefpose ironisch von »unseren Mitarbeitern« sprach, sei's drum … der gute, alte Achim war nicht mehr, einen Moment Innehalten … ein Jahrgangsgenosse … die Einschläge kamen näher … Nachrichten vom Tod länger nicht gesehener, früherer Freunde häuften sich in letzter Zeit, sie trafen einen wo und wie auch immer … gut daran nur, dass sie die Verbindung der überlebenden, längst in der Tiefe der Vergangenheit verloren geglaubten Freunde auffrischte. Bekurz selbst hatte ich seit Ewigkeiten nicht gesehen. In den erinnerten Sequenzen war er ein munterer Mittzwanziger.

»Eine Gedenkminute ist entschieden zu wenig«, begann ich meine Antwortmail, die sich zu einer Trauerrede auswuchs … Noch heute hatte ich ihn vor Augen, als wären wir uns gestern erst im Büro begegnet, der allzeit gutgelaunte Achim, inmitten der zeitgemäß verlotterten Truppe stets adrett in Sakko, Schlips und Kragen, mit Haartolle und biederem Oberlippenbart, auf dem Gesicht den grünlich schimmernden Widerschein der Oszillographen … Jeden Morgen legte er Nicos Sunday Morning auf, nachmittags dutzendfach hintereinander den etwas nervigen Dylan, John Wesley Harding, die Begleitmusik für seine Forschungsarbeit, abends dann die somnambulen Sphärenklänge von Pink Floyd … Voll aufgedreht verwandelten sie unsere Gartenlaube in eine Kathedrale … Fritz Floyd nannte er sie, ihm zufolge »pure Psückodellick« … ein Mann im Dauerbetrieb, unermüdlich am Tun und Machen, stets mit elektronischen Rätseln befasst … bis spätnachts das feierabendliche Eintrinken begann, getreu seinem einprägsamen Motto: »Wer brav sin Arebeit hätt jedon, dä derf sich eene drinke jonn« … Es war eher ein Weitertrinken, ein Zapfsäulenwechsel zu Edlerem als dem tagsüber benötigten Betriebsstoff Bier … Ohne ihn, lieber Andreas, wär' aus unseren Plänen nichts geworden … Dabei verlangte er so wenig, das bisschen Geld und die vier Oberhemden im Monat – das war's …

»Eine lange Mail zu keinem Abschied. Schönen Gruß.« Den Schlimmfinger auf »senden«. Aldi-Klingklang, ab das Dingen.

Noch aus seiner deutschen Nacht schrieb Büdinger zurück, ja, stimmt, die vier Oberhemden, aus der Metro mitgebracht, am liebsten die von Seidensticker, Achim hatte keine Zeit zum Waschen, daher der radikale Hemdenwechsel, stets mit Entsorgung des Althemdes. Das weckte bei Andreas die Erinnerung an Achims vergebliche Häutungsbemühungen, die eines Waisenhauszöglings. Und an die auf den Kopf gedrehten Gläser auf dem gebügelten Geschirrtuch, frisch gespült, zum Eintrinken bereit für Bols Likör Blaue Lagune und Schaumwein Henne Gold. »Diese Drinks schmeckten damals doch auch dir. Gruß von Andreas.«

Am nächsten Morgen korrigierte er sich – der Likör hieß wohl Blue Curaçao, erst durch die Vermählung mit Henne Gold entstand die beliebte Blaue Lagune. Dä lieve Jong is' tot, dachte ich, und den beiden Weggenossen fiel zum Schluss nichts Besseres ein, als seiner süffigen Cocktail-Mixereien zu gedenken.

Bei unserem Wiedersehen in den Kunsthöfen war über Achim merkwürdigerweise so gut wie gar nicht geredet worden … Dabei waren seine Verdienste am Erfolg der »Leisure Society« die denkbar größten, von uns dreien leistete er weitaus am meisten und profitierte finanziell am wenigsten. Unvergessen die Anfangszeit in der Gartenlaube, als er monatelang versuchte, aus Hunderten Bauteilen eine Schaltung hinzubekommen, das taktgebende Herz, die Steuerung für das erste verlässlich funktionierende Stroboskop. Viele Irrtümer waren nötig und noch mehr Versuche. Er arbeitete mit größter Inbrunst, was mich beim Zuschauen beschämte … Von Tag zu Tag wuchsen die Berge an aussortiertem Elektronikschrott unter seinem Stuhl, trial and error … Wenn ich noch nachtschwarz durch die Laube taperte, ging er vom ersten Kaffee aufgemuntert ans Tageswerk. Für mich war Achim Bekurz ein Genie, schon morgens, wenn er sich über die auf dem Tisch liegengebliebene Platine beugte, einige Tupfer mit dem Lötkolben auf diverse Komponenten setzte und kurz auflachte – sein Hirn hatte im Schlaf weitergemacht und das Problem vom Vorabend gelöst. Halblaut die Typenbezeichnungen vor sich hin murmelnd, korrigierte er die in Reihe geschalteten Thyristoren und Transistoren … Auch Mikrochips hätte er bei seinem Handwerk gern schon verwendet, er wusste von der revolutionären Erfindung, die dem »Bürgermeister des Silicon Valley« Robert Noyce vor ein paar Jahren geglückt war, und beschrieb sie detailliert, leider war für uns da nichts zu wollen … Büdinger und ich konnten überhaupt nur über Achim staunen – Gehirn traf Elektronik, Westcoast deutsche Akribie, bei Achim funzte es. Erst Jahrzehnte später begriff ich, welche Chancen sich dadurch eröffnet hätten, wenn wir nur drangeblieben wären, damals 1968/69, als überforderte Twens in Düsseldorf. Ein Silicon Valley am Rhein. Nie mehr lag die Zukunft so nah.

Umso weiter weg war all das jetzt, im Moment sogar auch räumlich – und doch kam ein Gefühl von Nähe auf, um das herum die Erinnerung an der Geschichte baute … Als unser Laden alsbald seinen ungeahnt rapiden Aufschwung nahm, war Bekurz ständig auf der Flucht vor den Gerichtsvollziehern, die seine verlassene Ehefrau ihm nachhetzte, hilflos ersetzte er sogar das Namensschild an seiner Wohnungstür, »A. Bekkers«. Ein einziges Mal hatte er seine beiden kleinen Kinder erwähnt, um dann nie wieder davon zu sprechen. Unbemerkt von uns dürfte er unter dem frühen Scheitern seiner Ehe sehr gelitten haben, schuldbeladen mit gerade mal ein-, zweiundzwanzig. Womöglich kompensierte er mit seiner permanenten Arbeitswut die Seelennot, einer der weniger genialen deutschen Mechanismen. Auch für die Firmenentwicklung hatte seine vertrackte Lage Konsequenzen, er wollte für amtliche Stellen unsichtbar bleiben, sich partout nicht behördlich registrieren lassen. Dafür verzichtete er sogar auf das ihm zustehende Drittel als Teilhaber – und dabei blieb es dann, auch er ein Uneingetragener. Als nach fünf Jahren das Ende kam, war einiges Geld in diverse Taschen geflossen, während Bekurz mit seinen Messgeräten und den vier aktuellen Oberhemden umgehend woanders weitermachen musste.

»Er war die eigentliche Lichtfigur«, schrieb ich an Büdinger, »ohne ihn hätte es unsere Mußegesellschaft überhaupt nicht gegeben, ohne ihn wäre kein einziges Gerät entwickelt, produziert oder verkauft worden. Unser Elektronikmeister idealisierte und ironisierte die Rolle des Arbeiters – immer unter Freunden, dazu ein guter Tropfen, intelligente Gespräche an der Werkbank. Ohne Achim Bekurz wäre alles nichts gewesen, bloß eine versponnene Pop-Phantasie von zwei fabulierenden Jungreportern, die über kurz oder lang bei einer der ungeliebten Zeitungen gelandet wären. All das, mein Freund, ruht in der Grauzone. In unserem sozialistischen Betrieb ging der eine echte Arbeiter am Ende leer aus. Das Schicksal eines begabten Waisenkindes, sein Ende, R. I. P. – und schönen Gruß.«

Vor Büdingers Abreise nach dem von den Zeitungsleuten arrangierten Wiedertreffen hatten wir uns in seinem Hotel zum Frühstück getroffen. Dabei kam das in den Kunsthöfen vermiedene Gespräch über das Ende unserer Zusammenarbeit dann doch noch ansatzweise auf. Auch vierzig, fünfundvierzig Jahre später sahen wir die Dinge unterschiedlich, Desinteresse auf der einen, Desillusionierung auf der anderen Seite.

Ich hielt daran fest, dass die Leisure-Gruppe damals als ein selbstbestimmtes Gebilde ohne Eigentümer und Herrschaftsansprüche gedacht war, Theorie und Praxis sollten frei nach Marx in eins fallen – eine Idee, die mir heute noch gefiel …

– Aber es ist doch müßig, nach so langer Zeit darüber rumzustreiten, hatte Büdinger gesagt, dein stures Festhalten ehrt dich ja, nur tickt die Welt inzwischen völlig anders …

– Danke für die Aufklärung.

– Für mich gab es jedenfalls eine viel wichtigere Geschichte.

– Und die wäre?

– Eine ganz andere Sache, ich habe in den neunziger Jahren einen Verband gegründet, den Verband der Wellnesshotels.

– Wellness … Wellness, keine Ahnung, einen Verband für Wellnesshotels … Was soll das sein, Sauna, heiße Steine, extrabreite Pool-Liegen oder sowas, Wellness, meine Güte, auch so ein Container-Begriff –

– Ja, da steckt 'ne Menge drin. Diese Sache aufgebaut zu haben, war eine tolle Leistung, zehn Jahre harte Arbeit …

– für Leute, die bequem im Liegen etwas für die Gesundheit tun wollen, im Wellness-Sessel in den Untergang –

– Du hast schon immer viel zu kurz gedacht, Wellness ist supersinnvoll, auch für dich, so wie du aussiehst …

Eine erstaunliche Entwicklung, dachte ich und hörte seinen Erklärungen aufmerksam zu, auch wenn ich ab und zu ein Schmunzeln unterdrücken musste. Büdinger beschrieb die Bedingungen für die Aufnahme in den Verband, eine teure Angelegenheit, fünfstellige Summen plus laufende Jahresbeiträge. Die Leute hätten ja anfangs über Wellness so gut wie nichts gewusst … Aufklärung sei nötig gewesen, Workshops, Anweisungen, Tipps, et cetera – dazu bekämen die Verbandsmitglieder als Gegenleistung ein Zertifikat und ein anständiges Metallschild für den Eingangsbereich ihres Hotels.

– Na schön, sagte ich schließlich, die Sache hat ja ihre Logik, auch gealterte 68er könnten ein paar Monate Wellness gut gebrauchen.

– Das Beste, was ich je gemacht habe, resümierte Büdinger, das ist mein Baby.

– Ein goldiges Baby, ganz der Papa …

Sein Gespür für Einträgliches hatte unser einst leitender Mitarbeiter also nicht verloren. Und ich? Bis heute hegte ich keinen Groll gegen ihn, war aber auch nicht völlig frei davon. Büdinger hatte mich seinerzeit aus der Firma gedrängt und mir so dankenswerterweise zum Entschluss verholfen, andere Wege einzuschlagen als die eines Geschäftsmanns. Warum sich aufregen über die neue und die alte Geschichte, warum frühere Konflikte nochmal aufrollen? Wer in unserem jahrelangen Chaos wen wie übervorteilt hatte, zeigte sich am Ende nur auf Konten, deren wahre Stände niemand kannte. Achim Bekurz hatte damals gar kein Konto.

Einige Tage ohne jeglichen Kontakt, keinerlei Gespräch, auch nicht per Telefon – ein eigentlich vertrauter, nur ortsverlagerter Verzicht. Einmal mehr entstanden Zettel mit Gedankensplittern, die als unzusammenhängendes Manhattan-Puzzle die Tischplatte überwucherten. Jemandes Aufmerksamkeit oder gar Zuhörerschaft zu erlangen, war hier offenbar nur auf dem Therapeuten-Sofa möglich. Auch Karla Karls E-Mail-Signatur endete unter der immerhin vollständigen Telefonnummer mit rot eingefärbten Versalien: NEVER CALL FOR REASONS OTHER THAN IMPORTANT ONES.

Gegen Mittag schreckte mich das tagelang verstummte Telefon auf, Karla war dran, ich solle doch um 18 Uhr zu ihr nachhause kommen, Russell wär' dann auch da.

Ihre zweimal operierte Hüfte verheilte nur langsam, immer noch war sie auf Gehhilfe und Rollstuhl angewiesen. Doch schien sie das sogar ein wenig zu genießen, nicht nur als exotische Abwechslung, sondern vor allem als Zustand, der ihr mehr Aufmerksamkeit einbrachte und den Anschein von Betriebsamkeit erhöhte. Die nötigen Arzttermine erledigte sie, ohne zu klagen. Mit ihrer bestimmenden Art wirkte sie auf mich wie eine dieser Ich-mache-alles-richtig-Frauen, obwohl sie nichts machte, was nach einer besonderen Tätigkeit oder gar Arbeit aussah. Manche quälte so ein Zustand, sie nicht. Unsere Freundin Doktor Ka hatte mir von Karlas siebenstelligem Erbe erzählt. Das gab Sicherheit und den Freiraum, das eine oder andere ohne Reue und Bedauern falsch zu machen. Der Kauf einer Dachwohnung – für sie kein Risiko. Wer so rundum versorgt war, konnte sich in Manhattan willkommen fühlen. Bei Verabredungen kam sie nie einfach so daher, stets erschien sie mit Aplomb, auch am Stock. Von ihr kamen die Ansagen, bevor irgendetwas losging – hierhin, dorthin, gestern unmöglich, morgen vielleicht, Genaueres später … Sie bestimmte die Treffpunkte, die Restaurants, wo es ihr viel Vergnügen bereitete, die Bedienungen gestenreich und lautstark zu besserem Service anzuhalten – nicht unbedingt ein Vergnügen, danebenzusitzen. Trotzdem war ich Karla dankbar. Allein ihr Anruf tat schon gut.

– Take the A Train, Express, 116th raus, zur 118th Ecke Lenox Avenue, no. 57, keine Namen, mein Code ist der oberste R9.

– 118th? Also Harlem …

– Yes, spanish Harlem, the gentrification goes on.

Nicht zu glauben, Harlem gentrifiziert. Wäre das etwa die richtige Form der Armutsbekämpfung? Im Langzeitgedächtnis überlagerten sich Unmengen von Filmbildern und Beschreibungen aus dem New York der Weißen, die meist ohne den nördlichsten Bezirk auskamen. Das neueste Manhattan-Prinzip änderte daran erst recht nichts, finanzgesteuert wie es war. Ihm zufolge sollten die Eliten und der Plebs nie mehr gemeinsam eine Welt bewohnen, reiche Eigentümer wünschten keine armen Nachbarn mehr, auch keine Popstars mit ihrem störenden Ruhm und Medienzirkus.

Meine noch kindliche Begeisterung für Amerika hatte bereits 1972 einen Dämpfer erfahren. Geradezu körperlich abgestoßen flüchtete ich nach nur drei Tagen in Richtung Cape Cod, den Provinzjungen zog's nach Provincetown. Der Greyhound-Bus rollte in geringem Tempo auf einer nicht enden wollenden Marginalie, die Harlem von Süd nach Nord durchschnitt, und durch das Fensterglas sah ich zum ersten Mal eine reale Welt voller ausschließlich dunkelhäutiger Menschen, Männergruppen in Eingängen leicht heruntergekommener, flacher Häuser, in vermüllten Ecken tollende Kinder, und Frauen, die wie in einer deutschen Kleinstadt ihre Oberbetten in den Fenstern ausschüttelten ... sie alle schwarz, wie damals jeder sagte, in einem schwarzen Viertel, ohne Prunk und Neonbeleuchtung der Geschäfte. Ziemlich naiv, mit diesem Anblick im reichsten Land der Welt nicht gerechnet zu haben.

Zehn Jahre später ließ mich Freund Dizzi nochmal absichtlich im Zentrum Harlems auflaufen ... Steig an der 125th aus und geh dann ein Stück zurück zum Central Park ... Auch dieses Mal wäre ich lieber im Bus gefahren, die zusammengekloppte Gegend hatte sich kaum verändert. Nichts für schlendernde Besucher, die Beine wurden sofort schnell ...

Und nun, drei Jahrzehnte später, saß ich seit der Station 86th Street als einziger Nichtfarbiger im bollrigen A-Trane-Express. Die U-Bahn ist für die Armen, hatte Karla gesagt, deshalb kommen die Stadtväter auch nicht auf die Idee, die seit Jahrzehnten dringend nötigen Sanierungen anzugehen.

Ihr Haus, ein hellgrauer, neunstöckiger Neubau der eher abschreckenden Art, hätte auch an einer Berliner Ecke stehen können, vielleicht mit ein paar Etagen weniger. Schwierig nur, mit den verschärften Codes der Security-Elektronik zurechtzukommen. Nach fehlerhaften Eingaben war ich minutenlang in der gläsernen Sicherheitsschleuse zwischen zwei harten Eingangstüren eingesperrt – und schneller als anderswo nervös geworden, ehe mich ein Bewohner befreite.

Karlas Dachgeschoss gefiel mir so wenig wie der ganze Bau. Am wenigsten ihr Wohnzimmer, ein knapp drei Meter breiter, ungemütlicher Schlauch, der nach fünf, sechs Metern in eine Außenterrasse überging, offene Küche, kleines Schlafzimmer, das Ganze ohne nachvollziehbares Raumgefühl geschnitten und doch vor vier Jahren eine knappe Million Dollar teuer … Aber Karla hatte die Stadt richtig verstanden. Sie bot ihr Dach nun für das Doppelte an, und beim informellen Go-in an den letzten Sonntagen hätten potentielle Käufer schon glaubhaftes Interesse gezeigt.

– Eine normale Rendite, erklärte sie, die Leute hier kennen die Preise.

– Leistung muss sich lohnen, sagte ich, schließlich hast du's hier vier Jahre ausgehalten … schon 'ne wuselige Ecke, der Lebensmittelladen gegenüber mit Brettern verrammelt –

– Ja, schlimm, der arme Mann, ich mache mir Sorgen um seine vier kleinen Kinder … ein jemenitischer Händler mit schwächelnden Umsätzen, sitzt jetzt im Knast … Der hatte sich darauf verlegt, illegal Knarren zu verkaufen, in original Cornflakes-Kartons –

– hoffentlich nicht an deine Nachbarschaft –

– Keine Ahnung, wie so viele hier hatte er wohl kein Internet … Manchmal gibt's Schießereien, das passiert meist nach normalen Überfällen, die Jungs müssen dann Fersengeld geben und ballern in vollem Lauf unkontrolliert nach hinten, das geht manchmal in die Hose … Aber du hast doch hoffentlich kein Problem mit der Gegend?

– Neinnein, keine Angst vorm schwarzen Mann … im Gegenteil, der allererste Freund in meinem Leben war ein ziemlich dunkler Afroamerikaner, eine merkwürdige Geschichte … Im Nachkriegschaos, am Tag nach meiner Geburt, stand meine Mutter mit dem Säugling auf dem Arm vor der Klinik und bekam einfach kein Taxi, ein vorbeifahrender GI hielt spontan an und brachte uns nachhause, einer dieser kinderliebenden Soldaten. Er kam noch wochenlang in unser Quartier, um »sein Baby« zu besuchen, beugte sich in den Kinderwagen runter und strahlte mich an – wurde mir später jedenfalls erzählt … Und offenbar bildete sich in meinem kleinen Hirn da etwas ab, was bis heute nachwirkt, eine Art Langzeit-Impfung gegen negative Stereotypen –

– Unsinn, schaltete sich Russell ein, so früh sind die Spiegelneuronen noch gar nicht ausgebildet.

– Was denn, Spiegelneuronen … Mit diesem Soldaten begann etwas, eine Art Sympathie, natürlich unbewusst … Dann kam die rosa Trockenmilch, dann kam der heiß ersehnte blaue Bus der Amerika-Gedenkbibliothek mit deutschen Büchern in unser Dorf … dann schrien wir Kids uns die Kehle aus dem Hals, jeden Sonntagnachmittag um zwei bei den Western in der Schauburg … Cowboyhüte und Indianerhauben gab's zu Weihnachten … als Teenies hörten wir Fats Domino, bei »Blueberry Hill« tanzten wir zum ersten Mal Cheek-to-Cheek und glaubten, drüben würde alles runder laufen … bis beim Jazzkonzert des Stadtjugendrings in Goslar mitten im wildesten Dixieland ein Mann auf die Bühne stürzte und armrudernd verkündete: »Der amerikanische Präsident ist soeben erschossen worden!« Und das war erst der Anfang meiner langen Geschichte mit Amerika …

– Und wie geht die jetzt weiter, wollte Karla wissen, wie stehen die Dinge mit deinem Sohn?

Typisch Karla, mich beim Warmlaufen in die Vergangenheit so nüchtern in die Gegenwart zurückzuholen, ich fühlte mich wie vorgespult.

– Noch unentschieden, alles … Vielleicht sollte ich mich mal bei Bloomberg einschleichen, in der Kantine nach ihm Ausschau halten, den Zufall herausfordern.

Russell lachte kurz auf. Offenbar hatte Karla ihm von meinem Problem mit Eno und dem möglichen Zusammentreffen erzählt.

– Dein Sohn lebt nicht in New York, sagte er, er arbeitet auch nicht für Bloomberg, du hast nicht genau genug hingeguckt.

– Vor einem halben Jahr hab ich ihm mehrmals hinterhergegoogelt und mir den Bloomberg-Job rausgepickt, das passte schließlich für den bevorstehenden Aufenthalt hier.

– Das Netz ist voll mit überholten Infos, falschen Daten, ins Nichts führenden Links –

– Eine Info-Kloake … okay, ich bin bloß User … mehr will ich auch nicht werden –

– Wenn du ernsthaft zu Eno willst, musst du schon etwas tiefer bohren.

– Ja, wahrscheinlich war die Suche zu oberflächlich … auch aus Schamgefühl, da tiefer einzutauchen wäre irgendwie so, als würde ich die Taschen des eigenen Kindes filzen –

– Du darfst das, du bist schließlich sein Vater.

– Ein Fern-Vater, nicht eingetragen …

Russell hatte auf Geheiß seiner Mutter eine Unmenge Details über Eno aus dem Netz gefischt, einiges kannte ich, anderes nicht. Dabei nutzte er alle möglichen Quellen, Instantcheckmate, Wiki, Peoplefinders, sowie die von mir notorisch gemiedenen sozialen Medien. Demzufolge datierte der New-York-Aufenthalt auf das Jahr 2009, in dem Eno eine Art Praktikum bei Bloomberg absolviert und sich vermutlich nur kurz hier aufgehalten hatte. Seine rund sechzigtausend Nennungen bei Google erklärten sich einfach, offenbar war Eno ein bedeutender Sportkommentator geworden. Er produzierte einen Podcast, eine Audio-Kolumne mit dem Titel »A Man's Opinion«, eines Mannes Meinung, oje ... zum Glück nur über Sport ... Dieses wöchentliche Round-up der nationalen Baseball-Szene wurde im Abonnement an Local Radios in alle Staaten verkauft, viele Sender stellten es als Beitrag ins Netz, ganz oben auf der Suchmaschinen-Liste stand eben der bedeutendste, Bloomberg TV, was mich zu der falschen Annahme verleitet hatte.

– Absolut clever, befand Russell, ein echter Player, der im großen Markt mitspielt.

– Ja, toll, hoffentlich hat er 'ne gute Radiostimme, mit einem Hauch Testosteron ... Sport wär' jedenfalls ein Thema, worüber wir diskutieren könnten, auch ich hab mal als Sportreporter angefangen, als Schüler mein erstes eigenes Geld bei der Lokalzeitung verdient ...

Schon merkwürdig, diese Übereinstimmung, als wären Berufswünsche vom Vater auf den Sohnemann vererbbar. Unvergessen der Moment, als der Ressortchef mit meinem allerersten Sportbericht in der Hand sichtlich erstaunt fragte: Und das haben Sie selbst geschrieben ... mmhh, alle Achtung ...

Wahrscheinlich war das genau so geschrieben wie die anderen Sportberichte in der Lokalpresse, die ich jeden Montagmorgen unentdeckt unter der Schulbank las … kein Grund zur Scham, selbst Rudi Dutschke hatte in Berlin neun Monate als Sportreporter gearbeitet, noch dazu bei der »BZ« … Diesen ersten Traumberuf konnte zunächst nichts anderes ablösen, 1963 war die Welt noch in Ordnung, der Sport der Bruder der Arbeit. Seither wurde er mehr und mehr selbst zur Arbeit, eine immer monströsere Sport-Show-Industrie, in deren Parallelwelt die Stoppuhren anders tickten. Die Times, das Gewissen der Nation, hatte sich vor einer Woche mächtig aufgeregt, weil einem großen TV-Sender der Rekord gelungen war, die letzten neunzig Sekunden eines dramatischen Basketballspiels auf unglaubliche achtzehn Minuten zu strecken – die taktischen Unterbrechungen des Spiels verketteten sich zu einer unendlichen Werbespot-Orgie, keiner konnte mal eben zum Klo oder Bierholen gehen, ohne die entscheidenden Restsekunden zu verpassen, die Spannung stieg ins Unerträgliche. Okay, scheiß drauf, sagten sich die abhängigen Couch-Kartoffeln und ergaben sich dem Kommerz-Nirwana, das leider auch mir nicht fremd war. Von der Spektakelsucht der vielen profitierten wenige. Und Eno war dabei.

– An seiner Karriere gibt's nichts zu meckern, sagte ich, aber dieses seltsame Baseball, diese heißgeliebte Sportart hier, für mich ein stundenlanges rätselhaftes Treiben im Fernseher …

– Das Spiel versteht kein Deutscher, sagte Russell, da geht's euch so wie Amerikanern auf dem Oktoberfest –

– So soans halt, die Mythen … Gerade in die trivialen muss man reinwachsen, bevor man nachzudenken anfängt … Seit wann und warum gibt's denn die Red Sox und die Dodgers, den 3. Batter, die Innings, Shortstops und den Homerun, dies Gerenne älterer Erwachsener mit ihren Bierbäuchleins und langen Hälsen vom Pokern … und am Ende Ergebnisse wie in der Bruchrechnung, die Dodgers gewinnen vor siebzigtausend Fans mit siebendreiviertel zu fünfeinviertel Punkten … Was habt ihr bloß mit diesem Baseball?

– Mann, das ist eine ur-amerikanische Sache, das kannst du in tausend Filmen sehen oder nachlesen bei Don de Lillo oder Philip Roth, dem Homer des Baseballs … gleich in seinem ersten Roman, The Great American Novel, da lassen Spieler, Volk und Promis gemeinsam die Sau raus … wie bei euch im Fußball … Für uns Jungs ist dieses Spiel der innere Eintritt nach Amerika, jeder Vater bringt seinem Sohn das Schlagen und Fangen des Balls bei, mit fünf gibt's den ersten, noch zu großen, ledernen Baseball-Handschuh, und zu Weihnachten Baseball-Tapeten für die Bude.

– Sie sind so vernarrt, weil sie Kinder sind, erklärte Karla, die rennen halt gern über grüne Wiesen, wollen wie einst in der Steppe einen fliegenden Lederklumpen erbeuten und dann zu Mom nachhause laufen –

– Na ja, Karla, Sport ist kein Mord.

– Sie fangen Vögelchen. Beim Baseball werden Kinder zu Männern und die wieder zu Kindern.

– Ach, Mom …

Nicht nur Enos Claim to Fame, auch sein Weg dorthin ließ sich aus den Daten lesen … Grundschule, Mittelschule, Senior High School, alles in Atlanta, Georgia. Sogar der Mist, den einer gebaut hatte, käme raus, erklärte Russell. Bei Facebook erinnerte ein alter Schulfreund Eno daran, dass er sich mal unter großem Gejohle der Klasse eine Pizza in die Mathestunde hatte liefern lassen und beinahe von der Schule geflogen wäre. Aber solche Daten erfassten nur Bruchstücke des Lebens. Wer ihm das Schlagen und Fangen eines Baseballs beigebracht hatte, stand nirgendwo.

Russell fuhr Moms Laptop hoch, um mir etwas zu zeigen – einen langen Artikel aus dem Archiv der »Stanford Daily«, der universitätseigenen Tageszeitung. Darin ging es um Sportmedizin aus neurologischer Sicht, die Signalverarbeitung im Organismus unter Hochleistungsbedingungen, so ungefähr. Auf einem Foto waren vier Studenten zu sehen, laut Bildunterschrift die Seminargruppe Biophysik im Labor, dazu die Namen, Erster von links: Eno Harris …

Unglaublich, dachte ich, Eno in Stanford, Home of the Genius, das hatte er geschafft, verdammt schlau, der Junge. Für Momente stand er mir vor Augen, als wäre er soeben mit Talar und Doktorhut zur Tür hereinspaziert, um gelassen meine Glückwünsche entgegenzunehmen und über den mir anzusehenden Stolz zu grinsen … der Möchtegern-Stolz eines Möchtegern-Vaters, der über seinen stanfordreifen Genen glänzende Augen bekam … In Wahrheit war es deprimierend, von herbeigeklickten Daten gesteuert hinter dem Leben seines unbekannten Sohnes herzulaufen. Der Artikel stammte vom Oktober 2002.

– Da war er knapp zwanzig, sagte ich, und studierte Biophysik an dieser Elite-Uni.

– Eine Super-Ausbildung für seinen Job, meinte Russell, er weiß genau, was abläuft, wenn der Schlagmann den Knüppel schwingt und im Rechteck rumrennt, er weiß alles über das Pumpen des Blutes, über die gespeicherte Erinnerung in den

Muskeln und wozu die Spieler nachts im Hotel vom Überschuss Adrenalin getrieben werden –

– Ja, sagenhaft, Stanford … eigentlich sollte er mal in Berlin studieren, wie vor Jahren zwischen seiner Mutter und mir ausgemacht –

Es gab Bewegung an der Tür. Am Telefon hatte Karla höchst schwärmerisch für den Abend auch ihre Tochter angekündigt … eine der schönsten Frauen der Stadt, die längsten Beine, die blonde Mähne, und total intelligent kompetent sexy … die Lucy, Louise Kamala, um genau zu sein, Ende zwanzig, Kind einer Hermann-Hesse-begeisterten Mutter, der Name von Siddharthas indischer Geliebten. Eine der schönsten Frauen, um Himmels willen, New Yorks Bürgersteige bevölkerten weltweit zusammengelaufene, extreme Schönheiten … nicht immer leicht, den Blick in tolerabler Länge zu halten. Vor jeder zehnten vorbeigehenden Frau müsste man spontan auf die Knie fallen, hatte Max gesagt, als wir draußen bei Marinelli's saßen. Wie wahr, solange man noch träumen konnte, sah man die Frauen dafür auf den Straßen von Manhattan … ohne annähernd erahnen zu können, aus welchem Wunderland diese Wesen und ihre Vorfahren mütterlicherseits wie väterlicherseits stammten, aus Gegenden der Südsee und des rotchinesischen Meeres, von Pitcairn Island und Gotland, aus Ibo State und der Steiermark oder auch aus der Bronx.

– Jetzt bin ich gespannt auf deine Schwester, sagte ich zu Russell.

– Jungs, bitte kein Cat Calling hier, mahnte Karla Karl.

Als Lucy Kamala schließlich erschien, löste sich die bei mir geweckte Neugier in verhaltene Freundlichkeit auf – zu großzügig, die mütterliche Beschreibungsgunst. Die Mähne eher rötlich als blond, die Hautfarbe weißer als weiß, und ob jemand im engeren Wortsinn sexy war, erkannte mann in den ersten Momenten höchst selten. Doch sie besaß den wirbelwindigen New Yorker Pep, diesen schwungvollen Optimismus, der sie lauthals verkünden ließ: Now we have Frank Stella! – Okay, kenne ich, Stella, großer Name. – Yes, wir haben einige frühe Zeichnungen von ihm. Ihr erster Erfolg in einer neuen, kleineren Galerie, wo sie als Direktorin arbeitete, in dieser Stadt wohl der Beruf der Stunde. Karla war sichtlich froh, ihre Kinder um sich zu haben, Umarmungen, Küsschen, Glücksmomente. Ihr Wohnschlauch war zu eng für diese Gefühlsausbrüche. Sich weiter in den Armen liegend, trudelten die beiden Frauen nach nebenan und warfen sich aufs Kingsize-Bett im Schlafzimmer, Karlas offenbar bevorzugtem Lebensraum mit dem 48-Zoll-Wandbildschirm, verstreut herumliegenden Kleidern und zerlesenen Teilen alter Times-Ausgaben. Nach einigem Gejauchze machten sie auf ihren Smartphones herum und riefen uns bald verschiedene Menüs zu, die sie beim Inder an der Ecke bestellen wollten.

– Da wäre noch etwas, sagte Russell, kuck dir das an – dein Sohn betreibt noch einen zweiten Blog, mit Partner, The Beer Heroes, hier ist die Website …

– Einen Bier-Blog?

– Yes, ein magazinartiges Ding mit etlichen Verlinkungen.

Er wies auf das Logo, zwei von Händen umgriffene Bierflaschen, die zum Anstoßen aneinanderprallten, als gemaltes Wappen auf ovalem Schild auf flachem Display. Hier wurden Biersorten rezensiert, deren Aufzählung Russell einige Lacher entlockte – Chocolate Milk Stout … Begyle Blonde … Midwestern Honey, sauber und ausbalanciert … Kansas-

City-Style Hip Hop Beer, in Palästina gebraut ... dazu Listen nationaler und regionaler Brauereien – ein Bier-Labyrinth, ein B-Irrgarten ...

– Mein Gott, Bier ... Der Junge kommt ganz nach mir –

– Da seid ihr nicht unbedingt die Einzigen ... Die Heroes ham 'ne Riesen-Community, Joe Sixpack ist überall, right now 38 visitors –

– Die sitzen jetzt in Enos Internet-Kneipe –

– und kucken auf 'ne Menge Werbe-Ads, absolut kommerziell, der Blog –

– Den Sinn fürs Geschäft hat er von seiner Mutter ...

Wir schauten uns noch einen Link an, Jamaican Rebel, mit dem Flavour von Inselkräutern, eine völlig durchgeknallte, ständig wackelnde, unlesbar hin und her flashende Website, original stoned. Eine der regelmäßigen Rubriken, Beer Releases, präsentierte in Wort und Bild Neuerscheinungen, »Das beste in der nächsten Woche neu herauskommende Bier.«

– Sehr amerikanisch, wir Deutsche sind eher markentreu, mein Bier der Woche ist schon seit Jahrzehnten Becks, einer der schönsten Altenteilchenbeschleuniger –

– Oh Mann, du könntest sofort für deinen Sohn arbeiten, für seinen Blog, als Deutschlandkorrespondent –

– wenn schon, dann gleich ganz Europa ... zum Einstieg bekäme er eine Story für seine Midwest-Redneck-Leserschaft, die rechten Hardcore-Trinker ... eine Serie über bekannte Marken, die den Sozialismus in Osteuropa überlebt haben.

– Die Heroes könnten auch Bierflüge anbieten, nach Dortmund oder Prag.

– Gute Idee, Bier war noch nie der politischen oder ethischen Kontrolle unterworfen.

Das Essen wurde geliefert, wir saßen an einem Holztisch auf der Terrasse, ein langer Abend. Die drei unterhielten sich in rasantem Tempo, mittlerweile auf Amerikanisch. Wie stets waren sie um kurzen Witz bemüht, jeder zweite Satz eine Punchline wie nach Sitcom-Drehbuch: Ausgeschlafene Mutter-Kinder-Runde unterhält sich über die verrückten Ereignisse der Woche. Gelesen hätt' ich das meiste wohl verstanden, beim Zuhören blieb ich öfter auf der Strecke. Eine Lachsalve jagte die nächste, ein Joint ging herum, was die Pointenfolge noch beschleunigte und mich noch weiter abhängte. Wie lange durfte jemand beim Tischgespräch schweigen, bevor es peinlich wurde, die alte Kafka-Frage … einmal mehr gestellt in gewohnt ungewohnter Lage. Mit einer Familie zusammen zu sein, die auf das Gefühl ihrer harmonischen Verbundenheit vertrauen konnte, ließ mich die eigene Vereinzelung nur umso stärker spüren, Kiff hin oder her.

Ich hockte am Ende der Tafel, noch schwer irritiert von den Neuigkeiten über Eno. Wenn sein elektronisches Profil halbwegs stimmte, stand er gut bis bestens situiert im Leben und hatte einiges richtig gemacht. Wer in diesem Land zwei einträgliche Blogs bespielte, galt laut Russell als erfolgreich. Aber Baseball und Bier, wie war er nach Jahren in Stanford auf diese Themen gekommen? Wer hatte ihn darauf gebracht? Wurde dort mehr als anderswo gesoffen und gespielt? Baseball und Bier, Podcast und Promille-Blog, meine Güte, wie konservativ, wie angepasst, und ja, wie trivial war das denn? Okay, gerade über dreißig der Bub, der würde noch wachsen. Aber ich war doch etwas enttäuscht von meinem Jamaican Rebel.

– Du könntest sofort Kontakt zu ihm aufnehmen, hatte Russell noch nachgeschobenen, »submit mailbag questions to Eno« hieße es im Blog, schick deine Mail an Eno, aber bitte nur mit qualifizierten Fachfragen …

Später wurde es auf der Dachterrasse kühl. Der Blick fiel hinunter auf die Backsteinhäuser gegenüber, die für Harlem typischen Sozialblocks. Meilenweit entfernt schimmerten die höchsten Leuchttürme aus dem Halbdunkel Manhattans, Nebelschwaden verhängten ihre Spitzen, ferne Lichter blinkten wie ein Glücksversprechen. Am Geländer des Eingangs der U-Bahn-Station gruppierte sich ein Polizisten-Quartett, schwer behängt mit Technik.

Ein unmöglicher Vorschlag … eine aus dem Nichts kommende Nachricht einfach so in die Mailbox zu stecken … Hi Eno, how are you, hättest du vielleicht Lust, deinen alten Dad aus Deutschland zu treffen … auf einen Kaffee oder eine Pizza? Qualifizierte Fachfragen sahen anders aus.

Auf der Karte mit dem Verlauf der Route ließ sich mitverfolgen, welche Gebiete auf dem Weg nach Westen überflogen wurden. Schon bald würden unter uns die Landschaften und Orte dahinziehen, durch die ich mich einst wochenlang und sehr viel bodennäher hatte westwärts treiben lassen. Seltsam, was davon im Gedächtnis hängengeblieben war, flüchtige Bilder blitzten auf … ein Flashback, als blätterte ich in einem nie angelegten Fotoalbum, »Mein Amerika 1972«. Bedeutende und unbedeutende Momente kamen noch einmal zurück … die staubige Dorfstraße, auf der ein Huhn von einer Seite zur anderen tippelt, ein kleines Mädchen in ärmlichem Kleid hinterherläuft und ein paar Reisende sich neben einem Greyhound-Bus die Füße vertreten – das war Texas … lange Wanderungen durch die Wälder, das war Flagstaff, Arizona, wo ich beim Hinuntersteigen in den Grand Canyon erstmals und als einziges Geräusch das sanfte Flapp-Flapp, Flapp-Flapp des Flügelschlags der Vögel hörte, ein Nachmittag ewiger Wunder. Abends in der Stadt betete eine Gruppe Jesus People unter Handauflegen bei gleichzeitigem Handaufhalten dafür, dass mir die nächste Zigarette aus dem Munde fallen sollte … Sie hatten vorher gefragt, welches Laster ich gern los sein würde … mir fiel spontan kein besseres ein, wahrscheinlich wollte ich sie lieber alle behalten.

Irgendwo dort unten, in Minuten überflogen, müsste auch das Reservat der Hopi-Indianer liegen, mit dem rostigen Metalltor am Eingang, dem eingeknickten Zaun um ein Stück Drecksland in der Wüste, das ihnen die Reue heuchelnde Regierung großmütig zur Selbstverwaltung überlassen hatte … stolze Leute, die Hopis, stumm aus Protest, ihre Stammesreligion noch ungebrochen … Sie lehnten die Angebote der Gesellschaft ab, mieden das für sie neuerbaute College wie auch das Gahada-Café darin … Ohne Genaueres zu wissen, bewunderte ich ihren souveränen Trotz – nicht nur die junge amerikanische Protestbewegung verlieh diesen Aufrechten Kultstatus. Das böse Land der Reparation, die windschief an Felsvorsprüngen klebenden Holzhütten und das verächtliche Schweigen ihrer Bewohner jagte den wenigen WASPs, die hier verstört herumkurvten, gehörig Angst ein.

Und über allem der irre Himmel des mittleren Westens, damals vom Boden aus gesehen, eine gewölbte Kuppel aus blauweiß gefasertem Marmor, so weit, so hoch wie nirgends, ihr Licht tauchte die bizarre Monolithen-Landschaft im Verlauf des Tages in changierende Farben, von einem kaum erträglich hellen Gelb bis zum milden Dunkelrot des Sonnenuntergangs hinter nie gesehenen Felsformationen. Der Blick in die Höhe schien bis ins All zu reichen und machte die Lust auf dessen Eroberung verständlich, den unbedingten Willen der Amis, den Sitz der alten Götter einzunehmen, um auf alle, die noch demütig nach oben schauten, herabschauen zu können.

Aber hatte ich mich auf der früheren Tour nicht zu sehr von den Bilderbuchmotiven blenden lassen? Von der Fülle der Eindrücke, vom permanenten Erstauntsein, das für die Schattenseiten blind blieb? Ein junger, moralisch nicht ganz sattelfester Ausländer, der zu naiv war, um mehr zu sein als ein etwas abgerissener Tourist.

Wem gehört das Land. Ein Satz, der mir wieder in den Sinn kam, gefallen bei einem Literaturabend, wenige Tage vor meinem Abflug aus New York. Wem gehört das Land. Das war keine Frage, das war eine rhetorische Provokation, eine Anklage, die ein Mann von Mitte achtzig in den Saal der Copper Union downtown Manhattan gerufen hatte, Noam Chomsky. Wem gehört das Land, der Boden, das Erz, das Öl, das Gas … es folgte ein Generalangriff, eine Fundamentalkritik an den amerikanischen Verhältnissen. Den aktuellen Anlass lieferte der Konflikt um das von Energiekonzernen beabsichtigte »Fracking«. Chomsky malte die Folgen aus, wenn für den Gewinn der Konzerne aus allen Löchern Öle und Gas geholt würden, und beschimpfte die genehmigungsfreudige Regierung. Angesichts der in den Staaten wie anderswo fanatisch weitergetriebenen Zerstörung sprach er vom Right of Nature, im Saal brachen Ovationen aus – ein Rufer in der Wüste, der auch mich begeisterte. Leider musste Chomsky nebenbei auch die New York Times abwatschen, die Zeitung hatte ein zwölfseitiges Dossier zugunsten der Fracker gedruckt … Die heutige Ausgabe lag ungelesen auf meinem Schoß.

Im Flugmodus leicht weggedöst, rotierten mir noch immer Eindrücke der Jungfernreise durch Texas, Nevada, Arizona durch den Kopf … wie die mich unsinnigerweise leicht beängstigende Szene mit einem großen Hopi-Mann, wir beide stumm nebeneinander beim Pinkeln – im geschenkten College benutzten sie nur die Toilette. Nach dem Besuch im Reservat hatte ich an der Landstraße gestanden, um nach Flagstaff zurückzutrampen, beißender Wüstenwind fuhr ätzend in Mund und Schlund … Momente später wirbelten die zwischen den Fingerspitzen zerriebenen Brösel meiner letzten Zigaretten durch die Luft … ein paar Gramm Tabak für die Wüste … als kleines Raucheropfer … und der Abschied von der Zigarette für ein Jahr … ich hätte den Jesus People statt der mickrigen zwei Dollar einen Fünfziger geben sollen …

Zur Ernüchterung schickte die Erinnerung dann noch den Trucker hinterher, der nach dem Wüstenwunder angehalten hatte … einen fetten, verpockten Kerl, der sich über meine Hopi-Schwärmerei ärgerte – ach Shit, die Hopis, I'm a half Ossage-Indian … Was er sich kurz darauf in seinem von Bier und Schweiß durchmufften LKW-Cockpit von mir erbat, beendete diesen Lift auf der Stelle.

– Is' doch super, hatte Russell in New York zuletzt meine Bedenken abgetan, on the road again – damals hast du die amerikanische Show gesehen und ziehst jetzt nochmal los, nach vierzig Jahren wieder auf derselben Strecke, go west von New York nach San Francisco, mit dem alten Greyhound … dafür solltest du deinem Sohn dankbar sein –

– Für eine fünftägige Rumpeltour in diesen nach Urin und Altöl stinkenden Bussen?

– Die Toiletten sind hinten, du setzt dich auf die vorderen Sitze und hast Wlan –

– Boston wär' mir lieber als Frisco … wär' bei seinen deutschen Wurzeln auch für Eno heimischer, eine Stadt wie Hamburg, übersichtlich, der Hafen, viel Grün –

– Menlo Park ist noch übersichtlicher und noch grüner, es sieht so aus, wie's klingt. Wir haben einige Jahre in Palo Alto gelebt und Menlo war so eine Art Gartenvorstadt, die hat sich weiterentwickelt –

– Ja, alle arbeiten bei Facebook.

– Du suchst doch dort nach deinem Sohn und nicht nach einem Job.

An jenem Abend hatten wir noch viel über diese mythische, inneramerikanische Achse geredet. Ein Klischee, natürlich, aber Ostküste und Westküste waren schon sowas wie Antipoden, räumlich und auch geistig weit voneinander entfernt. It never rains in southern California – in New York fast jeden Tag. Was in den Staaten geschah, was es dort zu erleben und zu erkennen gab, spielte sich längs dieser Route ab, jeder mir bekannte Amerikafahrer hatte sie gewählt, der Kompass zeigte immer in dieselbe Richtung. Manche überführten ein Auto, andere nahmen den einzig billigen, schwer zu erwischenden Hippie-Nachtflug für 'nen knappen Hunderter von New York nach San Francisco.

Auch Karla Karl war zu später Stunde nicht zu bremsen gewesen – Come on, Son, lass uns noch einen durchziehen. Russell hatte abgelehnt, das wär' jetzt wirklich Unsinn. Aber gerade das, was einem als unsinnig vorkommen würde, meinte sie, das wären genau die Dinge, die man unbedingt machen müsste. Luftige Karla-Dialektik, aber durchaus zwingend.

In den letzten Tagen in New York war alles ziemlich schnell gegangen. Russell hatte die günstigsten Flugangebote ausgesucht und mir als PDF geschickt. Dazu noch einen weitergeleiteten Mailverkehr mit Eno, der die qualifizierte Anfrage binnen Stunden beantwortet hatte.

»Kann es sein, dass du den Titel für deinen Podcast bei Philip Roth und dessen toller Romanfigur Smitty in The great American Novel geliehen hast? Das von jenem Word Smith geschriebene Buch in Roths Roman heißt genauso wie deine Kolumne: ›Eines Mannes Meinung‹, also eine Hommage?, fragt dein Fan Russell in New York.«

»Hi Russell, deine Frage freut mich, denn genauso ist es – ich liebe dieses Buch so wie den Baseball selbst, vielleicht klappt's nächstes Jahr mal wieder mit euren Yankees, alles Gute weiterhin – your Opinion Man Eno.«

Ein bisschen ärgerte es mich schon, wie leicht offenbar alle außer mir das alles fanden. Du willst deinen Sohn treffen? Also fährst du nach Menlo, kuckst dich um und mailst ihm vor Ort einen Vorschlag, that's it. Wo ist das Problem, Mann? Vielleicht liefe es tatsächlich glatter, als ich dachte. In New York würde es jedenfalls nie zu einer Begegnung mit Eno kommen, da könnte ich noch Jahre aus dem Fenster schauen und alte Briefe hin- und herschieben. Blogger wie er verrieten in der Regel ihre Adresse oder gar Telefonnummer nicht. »Eno Harris lebt und arbeitet in der Bay Area«, hieß es. Selbst überrascht von meinem schnellen Entschluss, hatte ich mich bei der Stiftung für ein paar Tage abgemeldet, wegen einer dringenden Familienangelegenheit.

Aber auch jetzt im Flugzeug hatte ich noch immer keine Idee, wie dieses Treffen zu bewerkstelligen sein sollte. Wieder griff ich zwanghaft vor, verlor mich heillos in gewünschte und befürchtete Szenarien, die verfrühte Nervosität war schwer zu unterdrücken … noch zwei Stunden bis San Francisco. Die Flugroute knickte langsam in südwestliche Richtung ab. Bei der ersten Reise durch die nun in Stunden überflogenen Staaten waren Wochen draufgegangen, genug Zeit, um in meinem Pfadfinder-Gedächtnis Ortsmarkierungen zu hinterlassen –

Memphis Tennessee, Hotel King Cotton, zum ersten Mal ein Zimmer mit drei Wasserhähnen am Waschbecken, warm, kalt und eiskalt, in Nashville hingen Lautsprecher an den Straßenlaternen und beschallten die ganze Stadt mit Country Music, oder die ältere Frau aus L. A., die neben mir im Bus ihr Mantra aufsagte, I like Hollywood … it's something happy on it …

Zum Zeitvertreib blätterte ich in meinem 1972er-Reisetagebuch. Mit schwarzem Isolierband drum herum vorm Zerfall bewahrt, zog es die Blicke meines Sitznachbarn zunehmend von den Zahlenkolonnen auf seinem Tablet ab. Er war schätzungsweise Mitte fünzig, im Slim-Fit-Anzug, und bisher so ungesprächig wie ich selbst. Meine antike Kladde bestand überwiegend aus knappen Notizen, damals dachte ich noch weniger zusammenhängend als jetzt. Über Los Angeles fand sich erstaunlicherweise nur ein Eintrag: »Wilshire Boulevard Haus-Nummer 12500 up, Sunset Boulevard Nr. 12500, Hollywood Boulevard Nr. 8000 und aufwärts«. Dabei erinnerte ich mich an besonders lehrreiche, dort mit einem nachgereisten Hamburger Freund verbrachte Tage, in denen Beverly Hills mit seinem Scheißluxus unser rebellisches Blut in Wallung brachte – tief hinter den in einer Granitfront eingelassenen Bullaugen aus Panzerglas lagen winzige Brillanten für eine Million aufwärts, ein reizender Auftakt. Als nächsten logischen Schritt bauten wir uns filmreif im Eingang einer Bank auf und simulierten mit vorm Bauch hochgerissenen Luft-MPs einen Überfall, Security, Alarm, Polizeisirenen, schnelles Fersengeld war nötig. Wenig später enterten zwei Langhaarige in abgeranzten Klamotten die dritte Station ihrer Einkaufstour, The Beverly Hills Cars, wo man in gläsernen Pavillons aufgebockte Fahrzeuge für 'ne halbe Million aufwärts feilbot, Excaliburs, Lamborghinis und seltene Mercedes-Modelle wie den Sportwagen mit den Flügeltüren. Man ließ uns dort in aller Ruhe um die edlen Kisten herumtanzen – bis ein langhaariger Altersgenosse mit dem Fahrrad einfuhr und sagte: Hi, Guys, nice cars, good for a ride with girls. Anstatt uns rauszuwerfen, hatten die Verkaufsstrategen des Hauses auf Verdacht den Kundenberater angefunkt, der für Popstars zuständig war, man wusste ja nie. Am Abend dieses betriebsamen Tages gingen wir ins Whiskey-a-gogo und hörten Dr. John the Nighttripper krächzen … I been in the right place, but it must have been the wrong time … Mit einem mächtigen Umhängebeutel schritt er wie ein Sämann über den Bühnenacker und warf Grassamen ins Publikum. Wo war es hin, das geliebte, andere Amerika … right place, wrong age …

Offenbar kurz eingenickt, schreckte ich aus einem Minutenschlaf hoch – mit hässlichen Bildern von verwundeten Hunden im Kopf, einer am Maul verletzt, ein anderer wurde bei meinem Aufwachen kupiert … ein schmerzlicher Moment, als Kind hatte ich immer mitgelitten, wenn neuen Würfen unserer Boxer die Schwänze beschnitten wurden. Die Realität kehrt im Traum zurück, dachte ich – doch was an ihr war gerade so bedrohlich, so verstörend, wo hinein ließ ich mich treiben … der Hund als Führer der Seele durch die Nacht, Freuds Fingerzeig … Ich brauchte ein paar Momente, um die Fassung wiederzugewinnen. Der Nachbar schob den Laptop leicht zur Seite, er hatte mein ruckartiges Hochschrecken mitbekommen.

– Schlecht geschlafen?

– Alles okay, ein bisschen Reisestress … ein Bier wäre jetzt gut …

Wir stellten uns mit Vornamen vor. Der Nachbar, mit strammem Brustkorb und gut erkennbarem Bizeps unterm Hemd, lebte in San Francisco und machte dort »some data business«. Er orderte beim Steward für uns beide Bier. Sein viertes, falls ich nicht welche verschlafen hatte.

– Gegen meine Rückenschmerzen … diese Scheißsitze … Bier ist das Einzige, was sie erträglich macht.

– Hab ich auch schon gehört.

– Jeden Tag ein Haufen Dosen, die Dosis gegen den chronischen Schmerz, ich kann gar nicht anders –

– Verstehe, kein Problem … Bier hilft gegen vieles –

– besonders das aus Good Ol' Germany … Ihr Akzent, das Buch in der Hand, Sie sind doch Deutscher –

– Klar … und ich empfehle Ihnen ein Spezialbier, Jamaican Rebel, neu auf dem Markt, mit gewissen Kräutern der Insel gewürzt, doppelter Effekt …

Er schien etwas verwirrt, fand aber gleich wieder in die Spur. Er sei allergisch gegen all diesen Hippiekram, seit seiner Jugend, als die halbe Stadt gekifft hätte. In den Achtzigern, während seiner Studienzeit in Palo Alto, wäre die Situation zum Glück bereits eine andere gewesen. Er wollte wissen, ob ich San Francisco schon einmal besucht hätte.

– Ich bin dort mal einige Wochen hängengeblieben, lang her, so um die vierzig Jahre.

– Oh my god, dann werden Sie außer der Golden Gate Bridge nichts mehr wiedererkennen.

Die würde ich auch nicht so leicht vergessen. Ahnungslos war ich seinerzeit auf sie hinaufspaziert, um nach ein paar

Metern fast zu Tode erschreckt zu werden – eine Stimme aus dem Himmel wies mich schnarrend an, die Brücke sofort zu verlassen. Wie ich erst danach erfuhr, waren schon zu viele Selbstmörder heruntergesprungen.

Ich erzählte meinem Nebenmann, wie intensiv ich die Stadt erkundet hätte, damals so etwas wie die Welthauptstadt der Alternativen, friedlich multikulturell, schön schwul und voller Hippies, die Bewegung längst schon totgesagt, in Wahrheit quicklebendig, das vernachlässigte Haight Ashbury wurde wiederbelebt, das ganze Viertel im Hippie-Stil von neuem aufgebaut, mit phantasievollen Läden, eine autarke Gegenkultur zur prüden, konservativen Konsumgesellschaft. Fasziniert von der in Ansätzen konkreten Utopie wäre ich dort wochenlang umhergewandert …

– Alles Bullshit, meinte der Nachbar, und auch längst vergessen … Wir waren smarter, zehn Jahre danach, die nächste Generation –

– Diese aufstrebenden Yuppies? Ein linker deutscher Freund schrieb mir damals aus Palo Alto, das sei eine Art säkularisierte Hitlerjugend … und Palo Alto eine todlangweilige Stadt, Studenten, die den ganzen Tag ihren Körper stählten, während sich ihr Geist an Hippie-Feindbildern stärkte –

– Oh my god, mein Nachbar brüllte auf vor Lachen, ein verrücktes Cliché, aber gut, my friend, wirklich sehr gut … und in den Herzen der Hitlerjugend schlummerten zwei Eichhörnchen –

– neben Charles Manson –

– also bitte, mein lieber German Oldie, bei dieser Geschichte sind wir uns doch wohl wenigstens einig …

Er lachte so laut weiter, dass die Leute in den Reihen vor uns sich die Hälse verdrehten.

– Na ja, Klischee gegen Cliché, Entschuldigung, aber in den frühen Siebzigern wirkte San Francisco auf mich sehr europäisch, wie eine europäische Überseekolonie, das Tempo allein durch die Hügel unamerikanisch verlangsamt, schöne Architektur, kein Stress, keine Wolkenkratzer, mein Hotel lag an der Ecke Market Street im Down-and-Out-Viertel, Tenderloin hieß es, eine angenehm runtergekommene Gegend …

– Heute ist die Stadt pures Amerika, first class, my friend, ein Gewinnbringer fürs ganze Land … An der Market stehen die Glaspaläste mehrerer Silicon-Valley-Unternehmen.

– Ich weiß, mittlerweile hatten Sie ja schon die nächste Revolution vor Ihrer Haustür –

– und die dabei rausgekommenen Apartmenthäuser, die teuerste Gegend amerikaweit, Sie werden überrascht sein, egal ob Sie die Market, die Hills rauf- oder runterlaufen –

– Aber der Anblick von Glaspalästen und Upperclass-Apartments kann doch heute niemanden mehr großartig überraschen … genauso wenig wie die vielen Obdachlosen, die ihre vollgestopften Einkaufswägen über die Market Street schieben – kann man sich alles im Netz ankucken, das Viertel heißt ja Tenderloin, die Leute hängen da am Hintern der Kuh, frei übersetzt …

– Das ist eine verschwindende Minderheit, um diese Leute kümmern sich Hilfsorganisationen, mehr ist da nicht zu machen …

Die Unterhaltung stockte – eine Leerstelle, die jeder mit eigenen Gedanken füllte, den Gedanken zufällig nebeneinander platzierter Leute, beide gefangen in ihrer eigenen Welt.

Unserem bisherigen Gesprächsverlauf nach stellte er mich wahrscheinlich unter Sozialismusverdacht, der hier seit Obama noch inflationärer um sich griff, während ich mal wieder merkte, um wie viel mitfühlender ich auf Reisen war als zuhause, wo genug Wohnungslose auf den Bänken unter meinem Fenster saßen.

– Was führt Sie eigentlich hierher, fragte er nach einer kleinen Pause, Geschäfte oder pure Nostalgie?

– Weder noch, ich besuche meinen Sohn, er ist Amerikaner, lebt in Menlo Park.

– Ach, interessant, was macht er da im Silicon Valley?

– Er hat eine Autowerkstatt.

– Großartig, das ist was Vernünftiges.

– Sie pflegen Oldtimer, Excaliburs, Aston Martins und was die jungen Milliardäre sonst noch fahren.

– A Touch of Class, wunderbar. Aber Sie selbst wohnen in Deutschland?

– In Berlin.

– Wie bedauerlich … ich finde, man sollte dort leben, wo die eigenen Kinder leben.

Das war in seiner Schlichtheit unabweisbar, so generell dahingesagt aber auch irgendwie Disneyland. Das Gespräch mit diesem geradeaus denkenden Augenblicksmenschen hatte mich zunehmend verstimmt. Es brachte einfach nichts.

– Wahrscheinlich haben Sie recht, sagte ich, aber eigentlich dürfen erwachsene Kinder wohnen, wo sie wollen …

Die Ansage des Kapitäns beendete die Unterhaltung, wir landen in wenigen Minuten at San Francisco International Airport … San Francisco … right place, wrong time.

Beim Landeanflug schien das Panorama der zuvor im Netz gesehenen mittelhohen Wolkenkratzer für Augenblicke wenig reizvoll auf – vor vierzig Jahren hatte die Stadt noch keine Skyline, nur einen Bankenturm und den aus der City aufragenden Pyramidenbau, der wie eine falsch herum aufgestellte Riesenzuckertüte für Einschulkinder aussah. Aber schon der Name, der Klang der Worte »San Francisco«, drang in mein nostalgisches Archiv wie das Anspielen eines geliebten Popsongs. Das Gedächtnis bewahrte die Bilder von der Wahnsinnsbrücke, vom erschreckend großen Bronze-Buddha im Golden Gate Park, meinem ersten leibhaftigen Buddha, und vom römischen Säulengang im überwucherten Palace of Fine Arts, einer Ruine ohne Kunst … unvergessen auch die anheimelnden viktorianischen Häuserreihen und der Buchladen City Lights, Heimat der Beatniks und späterer geschätzter Literatur. Wie zu hören war, hatten die Entwickler Haight Ashbury in ein sogenanntes Künstlerviertel mit nur von Tec-Industry-Managern bezahlbaren Wohnungen verwandelt.

Eher vage erinnerte ich mich an einige Altersgenossen, Hippies der ersten Stunde. Sie kehrten aus ihrem anderen Amerika schon damals etwas depressiv zurück, während ich mich umso mehr für die Anfänge interessierte. Offiziell war die Bewegung schon entzaubert, doch überall wirkte der Zauber noch mächtig nach. Andererseits waren ihre Meriten noch zu jung, um bereits Mythos zu sein. Ihre Geschichte bot sich überraschend anders dar als in meinen bisherigen Vorstellungen, die Informationen flossen noch nicht so schnell und direkt über den Atlantik. Erst hier wurde mir erzählt, dass alles ursprünglich weitaus politischer gewesen war als bei den deutschen Ablegern. Begonnen hatte es als lokaler Protest gegen akuten Wohnraummangel. Deshalb bauten Studenten und junges Volk ein Zeltlager vor das Rathaus der Stadt, ehe sie, über Monate mit ihren Forderungen erfolglos geblieben, für eine Weile ins einfachere Leben aufs Land oder in runtergekommene Viertel zogen und dort eine eigene Realität organisierten. Geflüchtet aus der Elternwelt und aus den Unis, kamen sie zu einem Wissen und Bewusstsein, das die gesellschaftliche Realität massiv in Frage stellte. Der Krieg in Vietnam, das Entsetzen über die historische Gewalt gegen die indigenen Urvölker, Bury my Heart at Wounded Knee, der durch die Aufstände in Watts und die Black Panthers überdeutlich gewordene systemische Rassenkonflikt, der Konsumismus der konformen Massen – all das schrie nach Veränderung, doch mit dem bloßen Willen zur Weltverbesserung war niemandem geholfen. Die frühen Hippies erkannten das, verließen die Nische und trugen ihre Idee in einem Sarg über die Straßen von San Francisco. Anlass war der Protest gegen das LSD-Verbot, aber der Ruf schallte weiter, die von ihrer Haltung ausgehende Faszination blieb lange ungebrochen. Dreißig Jahre später beriefen sich die gealterten Giant-Teenager-Bosse der HighTec-Unternehmen wieder auf die Hippie-Ideologie, um den messianischen Glanz auf ihre Werbeplattformen umzulenken. Dieses Mal könnte die Welteroberung sogar gelingen.

Alles eine Frage der Repräsentation, dachte ich, wie der kostenlose Shuttle Service für die in San Francisco wohnenden Facebook-Angestellten, er hätte mich am nächsten Tag als blinden Passagier nach Menlo Park bringen können. Was wollte ich denn noch mit den alten Geschichten … vielleicht Eno beeindrucken? Argumente sammeln für mögliche Rechtfertigungsreden? Oh, wie großartig, der Papa war ein deutscher Rolling Stone, ein Hippieversteher, der seinen Hut sogar in San Francisco aufgehängt hatte. Kein Grund, sich umständlich in die Stadt einzufädeln und als Trauertourist von Enttäuschung zu Enttäuschung zu flanieren. Nein, hier und heute galt es, pathetisch gesagt, seinen Mann zu stehen – den, der sich mit hängenden Schultern in den Glasfronten der Flughafenshops spiegelte … bedrückt und verärgert wegen seiner verdammten Nervosität. Gut, dass ich auf diesen Flug ins Ungewisse meine Routinen mitgenommen hatte, die Unklarheit brauchte Struktur. Die Reise wollte organisiert sein, alltägliche Dinge, die ein wenig beruhigten. Das Hotel checken, sich nach Wlan erkundigen, den Zubringer nehmen, die Abfahrtszeiten der Züge von Caltrain rauskriegen, eine Dreiviertelstunde vom Vorort Millbrae bis Menlo Park, zum Glück lag der Flughafen im Süden der Stadt.

Eine kuriose Koinzidenz waren die Haare – meine Matte hing im Nacken wie beim ersten Mal in San Francisco. Kurz vor dem Abflug aus Berlin hatte die seit zwanzig Jahren bewährte, freischneidende Vidal-Sassoon-Absolventin Sandra mir den nötigen Haarschnitt verweigert. Seit Monaten wäre sie ausschließlich damit beschäftigt, Gebärdensprache zu lernen – flinke Finger, gut geeignet, um Reden durch die Luft zu funken, hätten die Leute vom Jobcenter befunden und sie in die Umschulung zur Gebärdendolmetscherin geschickt. Was für Alternativen gäbe es ohne sie? Die am Hinterkopf geknotete Zöpfchen-Lösung? Bitte nicht. Das Zacken-Gewirre wie nach einem Blitzeinschlag? Nein. Die ungebändigt wehende weiße Mähne älterer Freigeister? Nein. Zu wenig Material für 'n Dutt und zu viel für eine respektable Foucault-Glatze. Und Blumen im Haar? Gehörten nicht zu den Frisuren meines Lebens. Stattdessen schulterlange, blonde Kinderlocken, als hübsch gemachter Dreijähriger an der Hand des adenauerhassenden Vaters, in der Schulzeit amerikanisch kurz geschnitten, dann nach militärischer Vorschrift noch amerikanischer, für zwei, drei rebellische Phasen befreit langhaarig, viele Jahre von Freundinnenhänden kostenlos frisiert, gefolgt von Sandras ewigem Bauhausschnitt ... und nun wieder hier mit langen Haaren, ein ins Leere laufendes Selbstzitat. Im alten Amerika war ich nach 'nem halben Jahr in eine Barber-School gegangen, wo die Friseur-Schüler allen den Grundschnitt der West Point Academy reinschnibbelten, für 'n halben Dollar.

Draußen summte die Bay Area. Entlang der Strecke schien in manchen Kurven kurz die Bucht mit ihren Segelbooten auf, der Pazifik war zu ahnen, Momente inselhafter Idylle, kaum Betonexzesse, eine Wohltat für die gequälten New Yorker Augen. Die Bahnfahrt führte in südöstliche Richtung, vorbei an Waldgebieten und kleinen Städten mit villenartigen Häusern und freistehenden Bungalows, in den Zentren viel Weiß und Palmengrün – der Golden State von seiner goldigen Seite. Vorm Zugfenster huschte das Wohlleben vorbei, ein gelassener, begreifbarer Reichtum, als wär's die zweite Natur des Landes. San Mateo, das größere Redwood City, Atherton – das Bild des gefühlten, chronischen Überflusses änderte sich von Station zu Station unwesentlich, nur mein Unbehagen wuchs. Diese halbbewusst aufkeimende Beklommenheit kam von weit her, wahrscheinlich bloß die Idiosynkrasie von jemandem, der in den frühen Fünfzigern in der deutschen Provinz fern von Villen und Segelbooten aufgewachsen war und seine innere Distanz gegenüber materiellem Reichtum nicht zu überwinden wusste … Zeitlebens verstörte mich die unsägliche Arm-Reich-Dichotomie, das schwarze Loch des Unabänderlichen. Wovon hatten denn die Nachkriegsväter geträumt? Vom guten Onkel aus Amerika, vom Haus und Auto für die Familie. Wer das nicht schaffte, starb vorzeitig. Auf den Gedanken, eines Tages einen Enkel im schönen Kalifornien zu haben, wäre mein Vater nie gekommen.

Das Bahnhofsgebäude lag leicht erhöht und hatte die Größe eines Einfamilienhauses. Ein Teil der Mitreisenden eilte zu den Autos, der andere schnappte seine Fahrräder. Im Nu stand ich, Orientierung suchend, allein auf dem Vorplatz und wusste mehr, als es zu sehen gab. Eine Kleinstadt … flach wie ein Teller, so weit das Auge reichte, die meisten Häuser mit Flachdächern, lockerer Verkehr der überwiegend bulligen Familientrucks, eine konsumtiv befriedete Zone. Warum lebte Eno ausgerechnet hier? Warum nicht in New York oder Atlanta? Wegen der bedeutenden Nähe von Geist und Geld? Zwei besondere Nachbarstädte lagen nahezu übergangslos nebenan, Stanford und Palo Alto, dort plante, wie Max erzählt hatte, seine Galerie eine Dependance für die Techies. Menlo Park dagegen blieb der Vorzug einer freundlichen Schlafstadt mit blauem Himmel, weißen Wölkchen und unsichtbaren Clouds – von Süden hergeweht, wo sich das digitale Tal mit seinen tausend HighTec-Firmen öffnete. Der Weg zum Hotel ließ sich ergoogeln, entlang des Bahndamms keine zehn Minuten bis zum Menlo Park Inn. Sein leicht windschiefes Spitzdach auf dem Frontgebäude wirkte angenehm eigenwillig.

– Also noch einer, wie lustig, sagte die Frau am Empfang mit Blick auf ihren Bildschirm, wir haben schon ein paar Deutsche im Haus.

– Tja, wir sind überall.

Wir klärten die Formalitäten. Laut Namensschild hieß sie Amanda und wirkte weder gestresst noch gelangweilt, eine nette Frau in den Vierzigern, casual in Jeans und Bluse, mit schwarzgelockter Wischmoppfrisur. Mein Geburtsdatum ließ sie vermuten, dass ich wohl nicht »for business« in Menlo sei.

– Nein, aus familiären Gründen, nur auf 'nen Sprung aus New York in der Gegend.

– Okay, dann gehört Ihnen jetzt die 104, erster Stock gleich rechts, ist alles da, Kühlschrank, Kaffeemaschine und Bügelautomat.

– Oh, vielen Dank, ich bügle für mein Leben gern, auch nachts.

Kurz ins Zimmer geschaut, so weit okay, KingSizeBed, eine Art Kochnische im Erker, Golden-Gate-Großposter, das Mobiliar etwas angealtert, zwei Sterne, hundert Dollar die Nacht. Im Sand Hill Hotel hätte ich laut Netzportal auch für tausend unterkommen können. Für meinen Hunger hatte Amanda die Amici's East Coast Pizzeria empfohlen, nur zwei Blocks entfernt. Viele der etwa gleich großen Bungalows auf dem

Weg lagen eng an eng nebeneinander, wie Handtücher an einem Massenstrand. Grundstücke ohne Garten oder Auffahrt, die Bodenpreise waren wahrscheinlich seit Jahrzehnten hoch. Eine Mainroad nebst zwei, drei Querstraßen mit einigen Shops und einem fußballplatzgroßen, flachen Einkaufszentrum, das galt hier als Downtown, und das Amici's gehörte dazu.

– Ein Millers bitte, und gleich noch eins, dazu bitte Knoblauch-Grissini …

– Du kommst spät, Fremder, aber du gehst als Freund, scherzte die Kellnerin.

Okay, der Spruch des Hauses. Niemand außer mir aß allein, was ich immer und überall ungern tat, auch im nur noch locker besetzten Amici's, umgeben von Paaren, Familien, Gruppen. Ein im Ökolook gestylter Laden mit rustikalen Holztischen, dazwischen trockene Schilfbündel in Tonkrügen, die Smartphones klebten bis zwei Sekunden vorm Servieren an den Gästen. Während ich auf meine East-Coast-Special-Edition wartete, schoss mir der Gedanke durch den Kopf, Eno könnte als Spätesser zufällig hier hereinschneien … ja, dann wäre die Situation da … und was zu tun? Nach Fluchtwegen ausschauen? Aufspringen mit freudig ausgestreckten Armen? Oder sitzen bleiben und möglichst cool dreinblicken? Die gar nicht so abwegige Vorstellung machte mir zu schaffen. Aber wie sollte er mich erkennen? Und wie wäre es umgekehrt? Wie sähe er denn live aus? Welches Outfit, was für eine Frisur könnte ein Anfangsdreißiger wie Eno heute tragen? Den senkrecht auf dem Schädel stehenden, gebündelten Hipster-Pinsel? Einen hochgetürmten, leicht verrutschten Afro-Baumkuchen? Oder eine gechillte Hippiematte als

Roots-Hommage an seinen Geburtsort? Im Netz beschrieb er sich als »german-jamaican-american Author« – sein dichter, gekräuselt abstehender Haarbusch auf dem vermutlich schon älteren Foto war das Bild, das ich jetzt von ihm hatte. Aber was er auch seither verändert haben mochte – it's okay, it's fine. Jedenfalls würde ich ihn nicht abweisen ... wie manche Väter in den Siebzigern ihre langhaarigen Söhne, um sich erst dreißig Jahre später wieder mit ihnen zu versöhnen ... Außerdem waren das alles bloße Annahmen, unsinnig wie die Sorge, Eno könnte übergewichtig sein oder ein Tattoo-Freak, ein verpeilter Gamer-Nerd oder gescheitelter Anhänger der Tea Party. Erschreckend unsensible Überlegungen eines nicht eingetragenen Vaters, der in sein persönliches Drama vertieft an einer Pizza sägte ... Vielleicht sah Eno mich gerade von irgendwoher so dasitzen und dachte, so ein Typ könnte mein Vater sein. Nicht sehr wahrscheinlich. Aber auch nicht unwahrscheinlicher als dieser ganze Ort und meine Lage hier.

Die zwei jungen Kerle, die in der billig möblierten Hotel-Cafeteria saßen, standen auf und lächelten mir zu.

– Da schau her, sagte der größere, da wäre ja der neue Gast aus Berlin.

– Unsere Amanda hat Sie ganz gut beschrieben, fügte der andere hinzu.

Sie stellten sich vor, Tim und Timo, beide so um die dreißig, aus Essen.

– Aus Essen, oh Gott, und was macht ihr in Menlo Park?

– Wir arbeiten in der Energiewirtschaft, sagte Timo, wir sind hier bei unserem Partnerunternehmen, ein Workshop, für eine Woche –

– der Workshop des Teufels, sekundierte Tim, wegen einer neuen Software, bei uns wird alles nach dem kalifornischen Modell supergrün neu transformiert.

– Verstehe … na ja, aus User-Sicht … also nix …

Sich gegenseitig ergänzend, erklärten die zwei, um was es in ihrem Job ging, um die Verteilung der diversen Energiearten, die internen und externen Abrechnungssysteme – Bartträger Timo energischer, Tim etwas defensiver. Daten seien nur ein Bruchteil der Realität, in Zukunft würde ihre Anpassung weniger unverständlich und fehleranfällig, dafür gerechter und transparenter ablaufen.

– Also, mein Strom wird ganz transparent jedes Jahr teurer, da freu ich mich schon auf die nächste Runde, überhöhte Rechnungen von unsichtbarer Hand … wahrscheinlich wieder ein neues Sparprogramm, während die Netzbetreiber und IT-Berater satte Profite einfahren …

– Ach, dieses altlinke Gerede, sagte Timo, dieser ewige Generalverdacht gegen Industrie und Kapital, das nervt –

– Nennen wir es mal eine über Jahrzehnte gewachsene Vertrauenskrise …

– Und was zieht Sie dann hierher?

– Ich wollte immer schon mal eine Pizza in Menlo Park essen, beim ersten Mal in dieser Gegend hab ich das versäumt, vor vierzig Jahren … Der Ort hat es ja in sich, auch wenn man ihm das gar nicht ansieht –

– Hier gibt's kaum was zu sehen, sagte Timo, außer dem Gebäude mit dem hochgereckten Daumen vorm Eingang.

– Mit dem lobt sich die Firma doch bloß selbst, der gehört eigentlich andersrum, weil sie die Leute unterm Daumen haben, Under my Thumb … Außer ein paar Kindsköpfen glaubt doch im Westen niemand mehr an irgendwelche Digital-Utopien, die Opfer nicht und die, die sie verzapfen, noch viel weniger …

– Sie sollten ruhig ein bisschen offener sein, alles geht weiter … move fast, break things, you know –

– Erklärt das mal den klammen Stromkunden … kommt denen mal mit diesen smarten Fußballersprüchen … Okay, es ist wohl auch ein Generationenproblem, in eurem Alter hatte ich einfach eine andere Revolution im Kopf … seltsamerweise ging die auch von dieser Gegend aus …

Der Service der Cafeteria hatte längst Feierabend. Die zwei boten Schlückchen aus kleinen Jägermeister-Flaschen an, vorhin beim Essen in Harry's Hofbräuhaus gekauft, dort gäb's einen super Sauerbraten, der so in ganz Essen nicht zu kriegen wäre. Und worin, wollte Tim wissen, läge denn die geschichtliche Bedeutung des Ortes –

– Die kann man nicht sehen, aber Menlo Park und Umgebung war mal die Spielwiese, ja eine der Keimzellen der amerikanischen Gegenkultur, des Pop, der Musik, weltbewegende Bands der Sechziger, Siebziger fanden hier zusammen, die Greatful Dead … Die Merry Pranksters brachten mit ihrem angemalten VW-Bus das erste LSD ins Städtchen, Tom Wolfe war dabei, Ken Kesey wohnte hier, das Haus ist weg, das verrückte Vietnam-Veteranen-Hospital in der Willow Road abgerissen, diese Psycho-Klinik war Keseys Inspiration für den Roman »Einer flog übers Kuckucksnest«.

– Der Film war echt witzig –

– Genial … Anklage und Unterhaltung zusammenzukriegen, das beherrschen die Amis … na ja, der Tscheche Miloš Forman … aber man sieht da doch noch diese irre rebellische

Atmosphäre in der Bay Area … tausende Hippies, Freaks und Künstler drehten mächtig auf …

– Und jetzt, sagte Tim, ist es langweilig in Menlo Park … ein Ort für zehntausend saturierte Projektleiter –

– Stop mal, sagte Timo, Opa erzählt gerade vom Krieg –

– Vielen Dank, junger Mann … aber das war schon großartig damals … und noch großartiger war, dass einige bekennende LSD-Schlucker hier in der Bay Area eine neue Technologie erfunden haben –

– Okay, so geseh'n war'n es tatsächlich aufregende Zeiten –

– Aber weniger großartig war, dass diese schlauen Jungs die Hippie-Idee mit den Mächten des Marktes vermischten und das Ganze immer enger verknüpften, ihre gute IT und den bösen Neoliberalismus, so drehten sie bald das ganz große Rad … ohne eine ehrliche Ethik mitzuliefern –

– Stop mal jetzt, sagte Timo, sie sind Amerikaner, und der kapitalistische Realismus ist in den Staaten ohne Alternative –

– Noch ist es so … doch dieser kranke Glaube an ewiges Wachstum sorgt für die in alle Ewigkeit wachsende Ungleichheit … –

– Die Mehrheit will es so, warf Timo ein, sie profitiert, sieh dir die Happy People in den krassen Karossen an, die Leute kurven hier massenhaft herum, von ihrem zwei Meter hohen Thron herunter haben sie alles super im Blick –

– Aber die Zäune am Rio Grande nicht, sagte Tim, dort wachsen die Wände und der Stacheldraht immer höher … Hauptsache im digitalen Tal geht's straight weiter … Hier ist jeder im SUV sein eigener aufgeblasener Luftballon, und irgendwo da draußen sind die anderen, bei denen die Luft längst raus ist –

– Stop mal jetzt, Tim, komm mir nicht wieder mit deinen Scheißtheorien von deinem Amihasser-Papa … Amiland, asoziales Land undsoweiter –

– Leider nicht ganz verkehrt, sagte ich, das eine Amerika ist auch das andere Amerika, sein Gegenteil … war schon immer so, der Schurke des einen ist oft der Held des anderen … und wir sind die lausige Verwandtschaft … ja, die Familie … das alles berührt mich jedenfalls … mein einziger Sohn lebt hier in Menlo –

– Wie kommt das denn?

– Er lebt halt hier, er ist Amerikaner, ungefähr in eurem Alter, wohnt und arbeitet seit ein paar Jahren in Menlo Park –

– Kennen wir die Company?

– Er macht sein eigenes Ding, in den Medien, im Netz, als Sportkommentator mit Blogs und Podcast. Morgen will ich mit ihm essen gehen, eventuell … in Amici's Pizzeria … sehr empfehlenswerter Laden.

– Da kann man ja nur hoffen, dass er seinen Alten überhaupt noch versteht …

Es reichte. Keine Lust, mich in den allfälligen Minenfeldern noch länger zu verlieren. Ich war geschafft, die Reise, der überfüllte Tag, dieser Ort, der weit auseinanderliegende Zeiten verknüpfte … dazu die fordernde Energie der Jungs, die mich arglos gewisse Nachteile des Alters hatten spüren lassen. Über kurz oder lang würden auch sie vor den existenziellen Fragen stehen, Familie, Kinder oder Alleinsegler … Bei der Verabschiedung fragte Tim nach meiner Mail-Adresse.

– Vielleicht können wir uns später mal in Berlin treffen, ich bin öfter dort – und wär' eigentlich auch ganz gern Berliner.

– Okay, sagte ich erfreut, wir sehen uns.

Oben im Zimmer checkte ich die E-Mails des Tages, in Deutschland war bereits tiefste Nacht. Büdinger hatte meinen Gruß aus New York beantwortet. »Wie schön für dich, du warst schon immer ein naiver Halb-Amerikaner. Vielleicht bringst du diesmal eine neue Idee mit nachhaus, schau dir alles entspannt an und erhol dich schön, Gruß Andreas, im Ruhesitz.«

Okay, mein Freund.

»Danke sehr, Du wärst als Immo-Azubi hier allerdings viel besser aufgehoben, ich sage nur: in die Höhe gehen, Luftrechte kaufen! Bin mittlerweile bei unseren früheren elektronischen Kollegen in Kalifornien gelandet, die haben Ideen … Die Firma mit dem Daumen plant hier ein Low-Rent-Stadtviertel für verdiente Mitarbeiter der ersten Stunde. Eine Sozialleistung, die Dir als Ex-Chef auch gut zu Gesicht stünde … Bau ein House of Freaks von dunnemals, ein Casa di Riposa für die Veteranen Sweti, Charly und andere Kleinrentner, das Geld wär' doch da, für 'nen schönen Komplex irgendwo am Altrhein … Überleg Dir das, ich käme sofort zum Helfen, bis dahin, Grüße aus Menlo Park.«

Die nächste stammte von Max. Es gäbe gerade viel Aufregung in der Galerie. Ich solle mich in Sachen Dizzi im Moment nicht weiter bemühen. »Aber ich komme darauf zurück, lg Max.« Eine formelhafte Ausflucht, mit der er Dizzi für immer in den Grafikschrank im Keller versenkte. Verdammtes New Yorker Kunstdealer-Poo-Poo. Antworten? Nein.

Russell schrieb, er hätte noch etwas Interessantes gefunden, ein älteres Interview des Menlo Park Journals mit Eno, wär' im Anhang, dazu auch ein neueres, bei Instagram hochgeladenes Foto, ein Selfie von zweien seiner Fans mit ihm in ihrer Mitte, dahinter die Tribünen und das Grün des Stadions der Oakland Athletics, im Flutlicht nach Spielende noch erhellt. Eno, deren Team-Trikot über der breiten Brust, sah aus wie jemand, der bei so einem Schnappschuss freundlich mitmachte, der sich an den Seiten herauswölbende Haarkranz schien dichter als auf früheren Fotos. Ich war ungeheuer gespannt auf das Interview … und bereits nach den ersten Sätzen wehleidig abgedriftet.

»– Warum bist du als national bekannter Sportkommentator nach Menlo Park gezogen?

– Mein Dad hielt das für eine gute Lösung, er war hier Lehrer in den Neunzigern, wir haben beide in Stanford studiert, Dad besorgte mir das Haus, er ist einfach der Beste.

– Wahrscheinlich war er es, der deine Liebe zum Baseball weckte?

– Dad brachte mir von klein auf alles bei, war manchmal hart, einer seiner ersten Würfe auf der Wiese in Sedona knallte auf mein Auge. Er hat meine Mom aus Jamaika rausgeholt, they fell in love, der erste Mann, wie sie glaubte, der nicht nur sie, sondern auch ihr Kind wollte. Später in Atlanta hat er sich stets um mich gekümmert, Schule, Erziehung, Bildung, mich auf den richtigen Weg gebracht, bis nach Menlo, mein Fokus liegt ja auf den Westcoast-Clubs, die Dodgers, Giants und Oakland.

– Das hört sich an, als sei Mister Harris senior ein wunderbarer Vater gewesen?

– Mein Dad ist ein open-minded-man, er öffnete mir die Welt, auch die der Bücher. Wir fuhren mit dem Auto viel herum, auch ohne Mom. Wir schliefen unterm umgedrehten Kanu. Mit zehn brachte er mir Gitarre bei, war lustig, wenn wir zuhause einen abklampften und im Duett sangen ›Father and Son‹, diese Hippie-Hymne von Cat Stevens, eines seiner, unserer Lieblingslieder.«

Er nannte ihn Dad, wie sonst? Nina hatte sich vor einigen Jahren von dem Mann getrennt und machte in Hotel-Immobilien in Ranchos de Taos. Wegen eines Nervenleidens lebte Mister Harris mittlerweile auf Hawaii – doch, wie Eno erzählte, telefonierten sie mindestens einmal pro Woche.

»Dad unterstützt mich bis heute«, sagte Eno am Ende des Interwiews, »alles, was mich ausmacht, hat er mir mitgegeben.«

– Oje, so viel Dad, aber danke, Russell, schrieb ich, und grüß dein liebes Muttermonster Karla Karl.

– Sie liegt im Krankenhaus, antwortete er sofort, sehr schlimm, austherapierter Cancer, wusstest du doch.

– Wie furchtbar, nein, das hat Karla mir gegenüber nie erwähnt, dieser Scheißkrebs.

Die Schrift verschwamm vor meinen Augen. Im Kreuz stieg eine aufheizende Schauerwelle hoch und brach hinter der Stirn, traurig, tränenlos. Schwer erträglich, diese Neuigkeiten, von Karla, von Eno, ein Schock … ich hätte schreien können. Klappte den Schirm zu.

Was blieb jetzt von der ganzen Geschichte? Von der immer wieder und vor allem mir selber vorerzählten Fama, einen Sohn zu haben … wohin mit dieser hohlen Behauptung, die gar nicht gelebt worden war … einer Tatsache, die andere nicht weiter hinterfragten, in der Annahme, das hätte schon seine Richtigkeit, eine ambitionierte Bedeutung, der nicht weiter nachgegangen werden musste, auch von mir selber nicht – in Wahrheit wusste ich nur zwei, drei Dinge über meinen Sohn. Die anderen, insbesondere Frauen, frühere Freundinnen, wollten gerne glauben, dass dieser schwer einzuschätzende Mann einen Sohn habe, was ihnen ein wenig dabei half, ihn zunächst sympathisch zu finden, auch weil er nicht wie andere herumtönte, das Kind sei das Beste, was er im Leben je vollbracht hätte, sondern einfach erfreut zu der Tatsache stand, selbst wenn sonst nichts an ihm danach aussah und schon gar nichts darauf hinwies, dass er am Rande einer Selbstlüge manövrierte. Gerade weil er die Geschichte nie von sich aus erzählte und auf Nachfragen bewegt schien, wuchs ihre Beweiskraft, auch ohne die Benennung genauer Einzelheiten, Zeugnisse oder vorzeigbare Fotos. Anderen gegenüber einzuräumen, einen Sohn zu haben, geschah zunehmend mit der bewussten Absicht, einen Punkt zu machen und normaler zu erscheinen, als dieser Mann es war. Lange machte es mir keine Schwierigkeiten, dass ich die Qualität, die meine Vaterschaft auch unter den gegebenen Umständen hätte erreichen können, nicht erreichte, nicht einmal angestrebt hatte … Eno und Nina werden schon zurechtkommen, irgendein Mister Harris wird's schon richten … hatte er ja auch … warum sich jetzt noch dazustellen …

Ein komplizierter Gedankengang löste den nächsten aus … So ein Mann sollte ins Pathos ersten Grades wechseln, nachvollziehbar, gut gemeint, ZDF. Dann ginge die Geschichte so: Ein Mann zeugte einen Sohn, den er aufgrund widriger Umstände nicht aufziehen konnte, doch zufällig trifft er ihn als erwachsenen Menschen in einer kalifornischen Kleinstadt wieder, wo der unbekannte Sohn mit Frau und krankem Kind, dessen Gene … Hör auf, Mann, raus hier, Motherfucker, verschwinde … Abgestraft für den Mangel an Ernst, das Versagen, für den als Individualismus getarnten, permanenten Selbstgenuss … Erlöst ihn, noch ein letzter Blick auf das von ihm zurückgelassene Leben, das Ende in Menlo Park. So ein Mann musste keinen Preis mehr bezahlen, er selbst war der Preis.

Bei Amici's gab's vorhin als Rausschmeißer The Eve of Destruction, von mir immer schon als Eve of Self-Destruction verstanden … und die Selbstauslöschungsphantasien drehten sich noch ein paar Spulen weiter … der kleine Tod am Abend … Hey, Lieutenant, sehen Sie sich den Zettel an, der Mann starb offensichtlich mitten in der Beschreibung eines Zeugungsaktes, der Bleistift muss noch ein Stück über die Tischplatte gerollt und hier zum Stehen gekommen sein … eine so finstere wie kokette Vorstellung, die nichts an der realen Situation änderte … over and over again my friend.

Als ich mich halbwegs gefangen hatte, wendeten sich die Gedanken wieder Eno zu – bei Lage der Dinge eher mit einem Vor-sich-hin-Phantasieren. Die liebevolle, ja, symbiotische Geschichte zwischen ihm und seinem Dad verstörte mich … keine gute Idee, sich zwischen sie zu drängen, womöglich für unnötige Irritation zu sorgen. Die E-Mail ließ mich mutlos zurück. Doch trotz dieser neuen Hürde blieb das Bedürfnis, Eno kennenzulernen, weiter bestehen, nur leicht verändert im verstärkten Wunsch, ihm ein nützlicher, vielleicht sogar ein väterlicher Freund sein zu dürfen – jedenfalls kein fremder, in die Leere des Rückwärtigen brütender Typ, der mit allen möglichen Leuten und der Welt im Clinch liegt und sich dauernd die zerzausten Haare rauft. Ebenso wenig wollte ich ein gebeutelter, emotional überforderter Mann wie mein Herr Papa sein … Der hatte unsere Verbindung gekappt, indem er mich in der Pubertät aus nicht mehr erinnerbaren Gründen ein allererstes Mal zu Boden schlug. Über Monate besprach ich nur noch das Allernötigste mit ihm, und das unverzeihlicherweise in seinem letzten Lebensjahr. Im Nachhinein belastete diese jugendliche Gnadenlosigkeit mein Schuldkonto. Seine zu Lebzeiten litaneihaft wiederholte Vaterformel, Kind, aus dir soll einmal etwas Besseres werden, könnte auf Eno übertragen bedeuten, er sollte bitteschön rebellischer werden, als ich es je gewesen bin. Wär' einem jungen Amerikaner heute vermutlich egal, so wie es mir beim Aufbruch in die Freiheit gelang, im Galopp die bürgerliche Vaterformel abzuschütteln. Dennoch ließen sich in diesen Konflikten bis heute weit zurückliegende Nachkriegsprägungen erkennen – die sentimentalen Vorstellungen aus den Fünfzigern, die Zeit der putzigen Heinz-Rühmann-Filme, Wenn der Vater mit dem Sohne, Vater sein dagegen sehr … Auch Eno trug ein dihybrides Erbe, seine Haare waren schwarz und kraus, zwei Merkmale von seinem Großvater, an dessen Beschreibung er im Schulaufsatz scheitern musste. Mutter Nina und sein Vater waren blond.

Ich versuchte mir erneut vorzustellen, wie unsere Begegnung verlaufen könnte … wie befremdlich die ersten Momente, welche Gefühle bei wem unterwegs sein würden. Für Eno wäre es ein Treffen mit einem unbekannten Mann aus einem fernen Land, der ihn mit unsteten Blicken ankucken und seltsam verunsichert wirken würde. Natürlich waren wir nur genetisch miteinander verbunden, aber eben doch verbunden. Womöglich erkannte sich das geteilte Erbgut und schüfe von vornherein eine Vertrautheit ohne Worte. Aber was wollte das ödipale Schreckgespenst, das vor Enos Augen herumgeistern würde, denn nun von ihm? Vom Vorwurf der Verantwortungslosigkeit entlastet werden, um einen Teil seiner moralischen Integrität zurückzugewinnen? Eno te absolvo? Bräuchte ich sein Lächeln für die Freisprechung? Es war vertrackt. Durch Ninas Entscheidung, auszuwandern, war ich doch eigentlich aus dem Schneider und chancenlos gewesen, Teil einer glücklichen oder unglücklichen Kleinfamilie zu werden. Was gäbe es darüber hinaus zu unserer speziellen Beziehung zu sagen? Worüber könnten wir uns überhaupt unterhalten? Im Grunde konnte ich Eno so gut wie nichts erklären.

Seit Jahren hatte mich die Frage beschäftigt, wie Kinder beim Kennenlernen der ihnen zuvor unbekannten Väter reagierten – auch kurz vor der Abreise, als sich Sonja, eine flüchtige slowenischstämmige Bekannte, im Café an meinen Tisch setzte und, nachdem ich die Einladung nach New York erwähnt hatte, sofort mit ihrer Story lossprudelte … Ihr Vater hatte sie als Zweijährige bei der Mutter zurückgelassen und war in Richtung USA verschwunden. Längst erwachsen, beschloss sie, ihn in New York zu suchen, bekam von einer mitfühlenden Sekretärin der Columbia Uni die Adresse. Der Vater, der nach seiner Flucht drüben als Professor reüssiert hatte, lehnte am Telefon ein Wiedersehen mit der vor fünfundzwanzig Jahren verlassenen Tochter zunächst ab, willigte dann allerdings nach tagelangem Insistieren ein, sich in einer Pizzeria zu treffen. Das Gespräch sei anfangs kühl verlaufen, erzählte sie … Und wie ist das Eis gebrochen? Mit einem gemeinsamen Lachanfall – sie bestellten die gleiche Pizza und bemerkten bald, dass sie beide die winzigen Tomatenhautfetzen auf dieselbe säuberliche Weise in einer langen Reihe auf dem Tellerrand ablegten.

Zunehmend hatte sich meine Wahrnehmung für ähnliche Geschichten geschärft, die oft von Frauen um die dreißig kamen – Melanie, die dunkelhäutige Traumfrau meines Freundes Paul, suchte und fand ihren Ex-GI-Vater in den USA, was ihrer psychischen Labilität leider nicht abhalf. Auch Sandra, meine Friseuse, suchte und fand ihren serbischen Vater mit viel Glück in Belgrad, seitdem wechselten sie jede Woche eine SMS. Zuvor hatte ich mit anderen, auffällig beziehungsgestörten Wesen ellenlang über die Kernfrage diskutiert, wessen Bedürfnis nach Kontakt das dringendere, ausschlaggebende sein könnte – das der verlassenen Kinder oder das der entschwundenen Väter. Eigentlich egal, hieß es, aber in Wahrheit waren es doch sie, Töchter zumeist, die sich nach langen Überlegungen auf die Suche machten … Spätestens mit Mitte zwanzig konnten sie das Nichtwissen nicht mehr ertragen. Dass die Kinder den ersten Schritt taten und nicht umgekehrt, hatte auch mir über die Jahre eher eingeleuchtet und, klar, auch besser in den Kram gepasst … Ich war also im Begriff, hier gegen meine bisherige Überzeugung zu handeln – schwer geplagt von der Furcht vor Ablehnung. Eine kürzlich in der Zeitung gelesene Horrorstory eines Mannes war hängengeblieben. Er hatte die Vaterschaft bestritten und wurde gerichtlich zur Nachzahlung verurteilt. Achtzehn Jahre später suchte seine Tochter ihren nunmehr gerührten, sogar stolzen Vater auf – doch sie wollte nur wissen, wie ihr Erzeuger eigentlich aussieht, und beendete die Begegnung nach wenigen Minuten kurzerhand mit der Bemerkung, ihr ginge es gut und mit ihm wolle sie weiter nichts zu tun haben. Adieu.

Spät in der Nacht, noch immer irritiert von Enos Interview, begann ich, ein paar Entwürfe für eine E-Mail an ihn aufzusetzen. Aber wie? Unter welchem Betreff? Mit einem Bezug auf Nina, Hallo Eno, ich komme aus Hamburg und war vor langen Jahren mit deiner Mutter bekannt … oder besser sportlich, als Leser deines Baseball-Blogs zufällig in der Gegend, würde ich gern … oder, gefährlich nahe der Wahrheit, Lieber Eno, wir kennen uns flüchtig, vielleicht ist es an der Zeit, dass wir einmal … Beim Senden an den Beer-Blog ginge es kumpelhafter, Hallo Hero, möchtest du mit einem erfahrenen deutschen Biertrinker … Bei seinem jüngsten Foto verwunderte mich der wulstige Ansatz eines Doppelkinns, höchstwahrscheinlich ein Erbteil der anderen Großelternseite … Natürlich war die Varianten-Probiererei nur ein letztes unsinnig aufschiebendes Rumgeeiere – ein Blick auf den Absender der Mail und Eno wüsste sofort Bescheid. Eine einfache Frage genügte: Ich bin hier in der Stadt und würde dich gerne morgen treffen.

Nach dem Absenden kam der Schlaf nicht gerade auf Knopfdruck. Die endlich gefallene Entscheidung erleichterte mich zwar, doch der Elefant stand riesenhaft im Raum, die Anspannung erhöhte sich ins Unerträgliche. Es blieb völlig offen, wie Eno reagieren würde. An keiner Stelle des gesamten Interviews war von seinen deutschen Roots die Rede … auch der Begriff »stepfather« fiel nicht, mein Dad, sagte er, immer wieder Dad. Offenbar hatte er seit Ewigkeiten keinen Gedanken mehr an einen anderen Vater verschwendet. Er dürfte mehr als überrascht sein, dass so jemand hier auftauchte und um ein Kennlerntreffen bat. Warum sollte er darauf eingehen? Mit welchem Recht dürfte ich ihm überhaupt näherkommen? Am Ende blieben wieder nur die Gene. Womöglich wollte er wissen, wie er in dreißig Jahren aussehen würde – oder wichtiger noch, welche Erbkrankheiten sein Lebensspender ihm für die Zukunft mitgegeben haben könnte, wenn schon sonst nichts … Vielleicht fehlte ihm das vierte Bein am Stuhl. Wir teilten fünfzig Prozent. Wir waren eng verwandt. Doch nur einer von beiden besaß diese unbedingte, amerikanische Überzeugtheit von sich selbst.

Am frühen Morgen plinkte eine Nachricht auf dem offenen Schirm.

»Okay, Vorschlag Peet's Coffee, Santa Cruz Av., fünf P.M., Eno.«

Für Momente paralysierte mich seine Zusage, als wäre mit ihr im Leben nicht zu rechnen gewesen. Ich war einfach baff. Das Gedankenkarussell begann, perplexe Runden zu drehen, die Befürchtungen, die blödsinnigen Vorstellungen, alles wieder da. Ich musste etwas tun, mich beruhigen. Nach dem Frühstück, schon mittags, ging ich in Richtung Peet's Coffee, das mir gestern Abend beim Rückweg mit seiner großen Fensterfront bereits aufgefallen war. Um mich später etwas sicherer zu fühlen, wollte ich kurz reinschauen, einen Tisch reservieren wäre gut. Die wie sechshändig wirbelnde Barista winkte lachend ab – unnötig, sagte sie, hier sitzt keiner lange. Am Ende der Fensterbar fiel mir ein geeigneter Ecktisch auf. Anschließend kaufte ich in einem Sportshop einen Fan-Schal der Oakland Athletics und kehrte ins Hotel zurück. Bevor ich mich, wacklig geworden, aufs Bett legte, beantwortete ich die Mail: Lieber Eno, ich freu mich auf unsere Begegnung – achte im Café bitte auf einen Mann mit einem Oakland-Fan-Schal, bis dann.

Um den Tisch zu sichern, war ich vorzeitig zu Peet's gegangen und saß bereits eine Weile dort. Unmöglich, im Tunnel der total angespannten Situation einen vernünftigen Gedanken zu fassen – nach dieser Vorgeschichte hatte das Warten auf Eno ein Gewicht, wie es nur etwas haben kann, das zum ersten Mal geschieht. Pünktlich war er nicht, aber was bedeutete schon Zeit zwischen uns. Zehn, zwanzig, bald dreißig Minuten verstrichen, zu viel, noch länger nervös zu sein – ich bemühte mich, gelassen zu bleiben, um im Fall der Fälle nicht den geringsten Anschein eines Vorwurfs im Gesicht stehen zu haben. Was könnte passiert sein? Welcher Grund hielt ihn ab? Auf dem offen vor mir liegenden Display plinkte es, ein Selfie kam mit einer Nachricht, Baby is sleeping – coming soon, sorry. Ich schaute auf ein schrumpeliges Säuglingsgesicht – der lächelnde Eno hielt sein Baby im Arm, zwei, drei Monate alt … was für ein Bild, was für eine Botschaft. Es brauchte einige Augenblicke, ehe ich begriff, dass dieses Foto eines schlafenden Babies auch für mich etwas Entscheidendes veränderte … Oh Gott ja, das Leben, mein Leben, war einen großen Schritt weitergegangen …

Eno würde gleich kommen. Einen stillen Moment lang würden wir uns mit ernsten Mienen anschauen, ehe er sich zu mir an den Tisch setzte und sagte: Hi!